지은이 김태용

바이올린과 음악학 musicology을 전공하고 영국 클래식 저널 〈the Strad〉, 〈International Piano〉 코리아 매거진의 기자로 활동했어요. 더라이프 예능 〈클래식은 왜 그래〉 시즌 1·2, KBS 대구 클래식 FM 〈포시즌 특집〉, 한경arteTV 〈아르떼 유레카〉 시즌 1·2 진행 등 방송과 1000회 이상의 강연을 통해 음악을 사랑하는 사람들과 만나고 있습니다. 저서로는 《클래식 감상자의 낱말 노트》, 《90일 밤의 클래식》, 《영화관에 간 클래식》, 《5일 만에 끝내는 클래식 음악사》가 있습니다.

이메일 classictoon@naver.com
인스타그램 dragonwriter_official

그린이 공인영

푸른 시간을 기억하기 위해 그리고, 만듭니다.

낭독 소프라노 이한나

한국예술종합학교 음악원을 전체 수석 졸업하고, 미국 텍사스 오스틴 주립대에서 석사 M.M.와 박사 D.M.A. 학위를 취득했어요. 현재 호서대학교 초빙교수이며, 경희대학교, 단국대학교, 강남대학교, 예원학교, 서울예고 등에 출강하고 있습니다. 또한 미국과 한국을 오가며 활발한 연주 활동을 하고 있습니다.

잠들기 전에 읽는 이야기 클래식

어린이를 위한 하루 한 곡의 클래식 음악

김태용 지음

↙ clove

머리말

음악의 세계는 참 신기해요. 몇 개의 음으로 수많은 음악을 만들어 낼 수 있으니까요. 서양 음악은 7개의 음(도-레-미-파-솔-라-시)을 사용하죠. 하지만 음이 있다고 해서 모두 음악이 되는 건 아니랍니다. 자동차가 지나가는 소리나 바람 소리처럼 의미 없는 소리는 음악이라고 하지 않아요. 기쁨이나 슬픔 같은 감정, 무언가에 대한 생각 등을 음으로 '표현'해야 비로소 음악이 될 수 있어요.

또한 음악은 귀로 듣기만 하는 예술이 아니라 사람의 모든 감각을 자극하는 종합 예술이에요. 공연장에 앉아 있다고 상상해 보세요. 공연을 지켜보는 관객의 숨소리와 표정들, 현악기에서 퍼지는 독특한 나무 향, 관악기들의 소리로 나긋하게 흐르는 공기, 역동적인 지휘자의 움직임, 곡이 끝난 뒤 울리는 박수와 환호 소리 등 우리가 음악으로 경험할 수 있는 감각은 다양해요.

이 책에서 소개하는 곡들은 모두 탁월한 표현으로 오래전부터 많은 사람에게 멋진 영감을 선사해온 명곡들이랍니다. 우리가 알아야 할 음악의 이야기도 가득 담겨 있지요. 오페라, 가곡, 소나타, 교향곡, 협주곡, 발레 음악 등 서로 다른 장르에 대한 이야기, 음악을 만든 작곡가의 이야기, 곡에 담겨 있는 이야기 등을 재미있고 쉽게 읽어볼 수 있도록 엮었어요.

저는 아이가 둘인 아빠예요. 두 아이는 여러분과 비슷한 또래랍니다. 아빠이자 작가로서 여러분께 좋은 음악을 소개하고 싶어 1년 동안 들뜬 마음으로 책을 썼어요. 신기하고 즐거운 음악 이야기를 빨리 들려 주고 싶네요. 음악은 물론 국내 최고의 소프라노 이한나 성악가의 낭독도 들을 수 있도록 준비했어요. 오페라처럼 무대의 모습이 궁금한 곡들은 공연 영상도 볼 수 있답니다. 그럼 이제 30일 동안 근사한 클래식 음악 감상자가 되어 볼까요?

김태용

CONTENTS

제1장 클래식의 이야기를 들어 봐요

13 **장난꾸러기 어린이에게 벌어지는 마술**
라벨, 오페라 〈어린이와 마술〉

19 **어딘가 달라진 신데렐라**
로시니, 오페라 〈라 체네렌톨라〉

23 **마법의 주문은 신중하게**
뒤카, 교향시 〈마법사의 제자〉

27 **무시무시한 이야기를 담은 명곡**
슈베르트, 가곡 〈마왕〉

32 **유령선의 전설**
바그너, 오페라 〈방황하는 네덜란드인〉

38 **화려하지만 슬픈 사랑 이야기**
베르디, 오페라 〈아이다〉

42 **뒤돌아보면 안 돼**
글루크, 오페라 〈오르페오와 에우리디체〉

48 **또 다른 결말**
오펜바흐, 오페레타 〈지옥의 오르페〉

53 **악마의 유혹**
베버, 오페라 〈마탄의 사수〉

58 **결혼을 허락해 주세요**
푸치니, 오페라 〈잔니 스키키〉

제2장 멋진 음악가들을 만나요

65 음악가들이 사랑한 음악가
바흐, 관현악 모음곡 3번

69 기회를 성공으로
헨델, 오페라 〈리날도〉

74 영원한 예술을 위한 노력
베토벤, 교향곡 〈9번〉, '합창'

78 천재의 조건
멘델스존, 〈한여름 밤의 꿈〉 서곡

84 피아노의 시인
쇼팽, 연습곡 12번, '혁명'

89 환상적인 발레 음악
차이콥스키, 발레 모음곡 〈호두까기 인형〉

94 나라를 그리워하는 마음
드보르자크, 교향곡 〈9번〉, '신세계로부터'

98 조용히 듣지 말아 주세요
사티, 피아노 모음곡 〈3개의 짐노페디〉

102 사람의 성격을 표현한 음악
닐센, 교향곡 〈2번〉, '4가지 기질'

106 음악에 한계는 없다
케이지, 피아노곡 〈4분 33초〉

제3장 악기들의 아름다운 소리를 들어요

115 **알고 보면 훨씬 멋진 리코더**
비발디, 〈플라우티노를 위한 협주곡〉

119 **해골들이 부딪치는 소리**
생상스, 교향시 〈죽음의 무도〉

124 **산들바람 같은 기타 연주**
로드리고, 기타와 오케스트라를 위한 〈아랑후에스 협주곡〉

129 **또박또박 말하기**
모차르트, 〈클라리넷 협주곡 A장조〉

133 **기차를 음악으로 표현한다면**
오네게르, 관현악곡 〈퍼시픽 231〉

137 **피아노 어디까지 연습해 봤니**
리스트, 〈12개의 초절기교 연습곡〉

142 **악마가 들려준 바이올린 연주**
타르티니, 바이올린 소나타, '악마의 트릴'

146 **잠이 오지 않을 때 듣는 음악**
바흐, 〈골드베르크 변주곡〉

151 **악기보다 아름다운 노랫소리**
알레그리, 〈미제레레〉

155 **장난감으로 연주하는 교향곡**
모차르트, 〈어린이 교향곡〉

제1장

클래식의 이야기를 들어 봐요

장난꾸러기 어린이에게
벌어지는 마술

모리스 라벨
오페라 〈어린이와 마술〉
1925년 | 약 40분

"사물과 동물이 깨어나 아이를 위협하고, 정원에 있는 생물들은 아이를 향해 불만과 복수심을 드러냅니다. 이 모든 것이 아이를 벌주기 위해 달려듭니다."

이것은 공포 영화가 아닌 프랑스의 작곡가 모리스 라벨Maurice Ravel이 작곡한 〈어린이와 마술〉이라는 오페라의 내용이에요. 내용만 보면 상당히 무서울 것 같지만 다행히 작곡가가 어린이들이 충분히 즐길 수 있는 작품으로 만들었어요. 음악과 극이 만나

펼쳐지는 오페라에 발레를 교묘히 섞어 동화처럼 표현했지요. 이 오페라는 어른들의 마음속에 있는 동심을 자극하기도 해요. 그래서 라벨은 이 곡을 "음악에 의한 환상극"이라고 부르기도 했답니다. 오페라에 대한 이야기를 더 해 볼게요.

오페라의 막이 오르면 무대는 프랑스 노르망디의 어느 시골집 방을 비춥니다. 한낮에 일곱 살 아이가 책상에 앉아 숙제를 하고 있어요. 하지만 아이는 숙제하기가 싫었어요. 아이의 주변에는 큰 시계, 양치기가 있는 풍경이 그려진 벽지, 다람쥐가 있는 장, 아직 열기가 있는 난로, 물이 끓는 주전자, 고양이가 있어요. 아이의 엄마는 아이가 숙제를 하지 않아 꾸짖습니다. 하지만 아이는 엄마를 무시하며 혀를 내밀었고, 어쩔 수 없는 엄마는 간식이 담긴 쟁반을 두고 나가 버리지요. 엄마에게 꾸중을 들은 아이는 울분을 터트려요.

이윽고 아이는 "나는 아주 나쁜 아이야!"라고 말하며 찻잔을 던지고, 장을 열어 다람쥐를 괴롭히고, 숨어 있는 고양이의 꼬리를 잡아당기고, 불을 휘젓고, 주전자의 물을 엎고, 목동이 그려진 벽

지를 찢고, 시계추를 떼고, 자신의 노트를 찢어요. 이렇게 한참을 제멋대로 짓궂은 장난을 치던 아이는 싫증이 났는지 낡은 안락의자에 앉으려 합니다.

그런데 그때 안락의자가 느릿느릿 뒷걸음질을 치더니 춤을 추기 시작합니다. 그러고는 "장난꾸러기 도련님으로부터 해방되었다."라고 노래하기 시작해요. 주변 가구들도 일제히 "도련님은 딱 질색이야."라고 말해요. 시계도 소리를 내며 "나는 이제 소리를 멈출 수 없다."라고 말하지요. 아이는 물건들이 살아 움직이는 것을 보고 놀라요. 게다가 아이에게 고통받은 가구와 장식들이 이제 아이에게 벌을 주려고 해요. 아이는 무서워졌습니다. 그러다 머리가 어지러워 쓰러지고 말지요.

간신히 일어선 아이는 어느새 뜰로 옮겨져 있습니다. 동물들과 나무들은 "장난꾸러기 도련님을 골려 줘야 할 텐데."라고 하며 일제히 아이를 공격하려 하지요. 이때 아이가 자신의 곁에 다쳐서 쓰러져 있는 작은 다람쥐를 발견하고 자신의 목에 걸린 리본을 풀어 다친 곳에 매어 줍니다. 아이를 공격하려던 동물들과 나무들이 어리둥절해합니다. 아이는 "엄마! 엄마!" 하고 점점 크게 외칩니다.

오페라의 마지막에는 꾀꼬리의 지저귐과 동식물들의 속삭임이 들리며 주변의 모든 것이 아이를 용서해요. 음악은 점차 조용해지고 어둠 속에서 아이가 달빛에 비춰진 채 홀로 서 있습니다. 아이는 다시 "엄마!"maman 를 외치고, 오페라는 음악 없이 곧바로 끝납니다.

오페라 〈어린이와 마술〉은 프랑스의 시도니 가브리엘 콜레트라는 작가가 쓴 이야기를 바탕으로 만들었답니다. 콜레트는 자신이 쓴 대본을 음악으로 만들어 줄 유일한 사람으로 모리스 라벨을 택했어요. 라벨이 콜레트가 만든 이야기를 음악으로 얼마나 잘 표현했는지 들어 볼까요?

---

for parents

라벨의 몇 편 되지 않는 오페라라는 점에서 가치가 큰 작품입니다. 하지만 아직 대중에게 익숙하지 않은데, 여기에는 몇 가지 이유가 있습니다. 일단 큰 규모로 신비로움을 부각시켜야 하는 기술적 제약이 따른다는 것입니다. 오케스트라, 성인 혼성 합창단, 어린이 합창단, 8명의 솔

로 성악가 등 많은 음악가를 동원해 여러 캐릭터를 각기 개별적으로 연기해야 하는 어려움도 있지요. 그래서 이 오페라는 상연이 쉽지 않습니다. 그러다 보니 오페라가 아니라 성악이 빠진 오케스트라 연주 버전으로 더 많이 공연됩니다. 그럼에도 작품이 지닌 매력은 변하지 않습니다. 아이에게 작품의 줄거리를 이야기해 주고, 이야기를 어떻게 표현하는지 음악에 집중해 귀 기울여 보세요. 이야기에 맞춰 정확하게 따라갈 수 없어도 어떤 사물을 표현한 건지 상상해 보면서요.

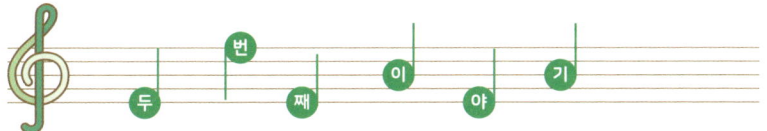

어딘가 달라진
신데렐라

조아키노 로시니
오페라 〈라 체네렌톨라〉 중 2막 '이제 더는 슬퍼하지 않으리'
1817년 | 약 3분

우리에게 〈콩쥐팥쥐〉라는 전래 동화가 있다면 서양에는 〈신데렐라〉가 있어요. 두 이야기 모두 여러분도 잘 알고 있듯 나쁜 일을 하면 벌을 받고, 착한 일을 하면 좋은 결과가 따른다는 교훈을 줍니다. 본래 신데렐라 이야기는 유럽의 구전 설화예요. 그래서 조금씩 다른 여러 형태의 이야기로 전해져 왔어요. 그중에서도 우리에게 익숙한 것은 프랑스의 동화 작가 샤를 페로가 쓴 동화집 《옛날이야기》에 소개된 〈신데렐라〉입니다.

이탈리아의 작곡가 조아키노 로시니Gioacchino Rossini는 신데렐라 이야기에서 영감을 받아 오페라 〈라 체네렌톨라〉를 만들었어요. '라 체네렌톨라' la Cenerentola는 이탈리아어로 신데렐라를 뜻한답니다. 이 오페라에서는 새엄마 대신 새아빠가, 신비로운 요정 대신 왕자의 가정교사가 등장해요. 신데렐라에게 가장 중요한 요술봉의 마법은 등장하지 않고요. 오페라의 내용이 궁금하지요?

궂은일을 하는 체네렌톨라의 집에 어느 날 한 걸인이 찾아옵니다. 집 안 사람 모두 그를 무시했지만 체네렌톨라만은 따뜻하게 대해 주었어요. 이 걸인은 사실 왕자의 가정교사로 왕자의 신붓감을 찾기 위해 모습을 위장한 것이었어요. 걸인은 왕자에게 체네렌톨라를 적극 추천했어요. 이에 왕자는 체네렌톨라를 만나기 위해 하인과 자신의 신분을 바꾼 채 그녀를 만났고, 둘은 운명적 사랑에 빠져요.

가짜 왕자가 체네렌톨라를 무도회에 초대했지만, 새아빠와 언니들만 가고 체네렌톨라는 집에 홀로 남겨져요. 하지만 요정이 아닌 가정교사가 그녀를 예쁘게 만들어 주며 무도회장에 갈 수 있도록 도와줘요. 여기에서 재미있는 점은 동화처럼 마법으로 인한 시간제한이 없다는 거예요. 집에 가고 싶을 때 가면 되는 것이지요.

한편 체네렌톨라가 무도회장에 갔을 때도 여전히 진짜 왕자는 하인으로, 하인은 왕자로 변장하고 있었어요. 가짜 왕자가 춤을 추자고 하자 체네렌톨라는 하인과 사랑하는 사이라며 그 청을 거절해요. 그러고는 하인(진짜 왕자)의 마음을 확인하기 위해 그에게 팔찌를 주며 다시는 자신을 찾지 말라고 하지요. 사랑한다면 다시 자신을 찾아올 거라 믿었으니까요. 여기서 또 신데렐라와 다른 점은 유리 구두 대신 팔찌를 주고 간다는 것이에요.

오페라는 진짜 신분을 드러낸 왕자가 체네렌톨라를 찾아가 팔찌를 보여주며 그녀를 아내로 맞이하고, 체네렌톨라는 자신을 괴롭힌 새아빠와 언니들을 용서하면서 끝납니다. 이때 유명한 체네렌톨라의 노래가 나와요. 바로 '이제 더는 슬퍼하지 않으리'non più mesta입니다. 가사의 일부는 이렇습니다.

"이제 더는 난롯가에서 홀로 슬퍼 떨리는 소리로 노래하지 않을 거예요. 한순간에 꿈과 농담이 되었네요. 내 오랜 괴로움도."

for parents

로시니는 자신이 쓴 곡을 다시 자신의 곡에 재사용하는 걸 좋아했답니다. 나쁘게 말하면 자신의 곡을 표절한 셈이지요. 메조소프라노인 체네렌톨라의 노래는 로시니의 오페라 〈세비야의 이발사〉(1816)의 테너 아리아 '이제 저항은 그만'cessa di più resistere과 동일합니다. 그럼에도 이 작품은 독창의 완성도가 높고 앙상블의 조화가 잘 짜인 작품이라는 평가를 받습니다.

마법의 주문은
신중하게

폴 뒤카
교향시 〈마법사의 제자〉
1897년 | 약 11분

전 세계에서 가장 큰 사랑을 받은 캐릭터는 미키 마우스가 아닐까요? 영리한 장난꾸러기이면서 다정하고 사랑스러운 친구니까요. 그런데 미키 마우스는 귀여운 외모와 달리(?) 태어난 지가 90년도 넘었답니다. 그래서 미키 마우스가 등장하는 애니메이션 중에는 오래된 것이 많아요.

그중 1940년에 만든 〈판타지아〉는 바흐, 베토벤, 차이콥스키 등 여러 클래식 음악 작곡가의 곡과 함께 화려한 영상을 보여주

는 애니메이션이랍니다. 마법사 모자를 쓴 미키 마우스를 본 적 있나요? 이 영화 중간에 폴 뒤카의 〈마법사의 제자〉라는 곡이 나올 때 등장해요. 이 곡은 독일의 대문호 괴테가 1797년에 쓴 시 〈마법사의 제자〉를 바탕으로 만든 거예요.

　내용은 이렇답니다. 마법사가 외출한 사이에 제자(미키 마우스)가 마법 주문을 사용해 빗자루가 물을 길어 나르게 합니다. 제자는 빗자루에게 대신 일을 시켜 놓고 신나는 꿈을 꾸며 단잠에 빠졌는데 깨어 보니 방에 물이 가득 차오르고 있었어요. 하지만 제자는 빗자루를 멈추게 하는 주문을 기억하지 못했지요. 제자는 어떻게든 멈추게 하려고 도끼로 빗자루를 산산조각 냈어요. 그래서 어떻게 되었을까요?

조각 하나하나가 모두 새로운 빗자루가 되어 물을 퍼 나르기 시작했습니다. 집 전체가 물로 가득해졌을 때 외출했던 마법사가 돌아와 모든 것을 잠재웁니다. 이 이야기에서 가장 스릴 있는 대목은 부서진 빗자루 조각들이 제각각 살아나는 부분이에요.

2010년에 개봉한 액션 어드벤처 영화 〈마법사의 제자〉에서도 이 내용을 활용했어요. 〈판타지아〉와 다른 점이라면 제자가 마법사의 모자가 아니라 스승의 마법 책과 반지로 주문을 건다는 것이지요. 하지만 두 영화 모두 폴 뒤카의 〈마법사의 제자〉가 배경 음악으로 등장해요. 벌써부터 음악이 궁금해지지요?

폴 뒤카Paul Dukas는 관현악곡, 실내악, 합창곡, 오페라 등 다양한 장르의 음악을 만든 프랑스의 작곡가랍니다. 당시 프랑스에는 유명한 음악가 여러 명이 활동하고 있었어요. 피아노 모음곡 〈달빛〉으로 유명한 드뷔시와는 파리음악원에 함께 다니고 평생 우정을 나눈 친구였고, 〈죽음의 무도〉(119쪽 참고)를 작곡한 생상스는 오페라를 함께 작곡했을 만큼 아주 친한 동료였어요. 그런데 뒤카의 곡은 현재 20곡 정도밖에 남아 있지 않아요. 뒤카가 자신이 쓴 곡이 마음에 들지 않으면 미련 없이 악보를 버렸기 때문이에요. 그래도 〈마법사의 제자〉가 남아 있어 얼마나 다행인지 몰라요. 프랑스의 교향시 중에서 가장 우수한 작품으로 손꼽히고 있답니다.

---

for parents

교향시 〈마법사의 제자〉는 웅장한 라이브 오케스트라 공연에서 진가가 드러나는 곡입니다. 하지만 실황으로 연주를 보기는 쉽지 않아요. 아이와 영화 〈판타지아〉를 본 뒤, 연주 영상도 찾아보면 어떨까요? 악기의 구성이 플루트 3대, 클라리넷 3대, 바순 3대 등인 매우 큰 규모의 오케스트라 곡이에요. 어떤 교향시와 비교해도 뒤떨어지지 않는 뛰어난 작품성을 보여 준답니다. 마법사의 제자 이야기를 떠올리며 음악을 감상해 보세요. 철없는 제자, 주문, 빗자루, 양동이, 물까지, 어른의 동심을 자극해 아이와 추억을 만드는 시간을 가질 수 있어요.

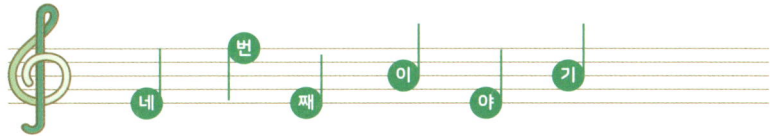

무시무시한 이야기를
담은 명곡

프란츠 페터 슈베르트
가곡 〈마왕〉, D328
1815년 | 약 4분

600곡이 넘는 가곡을 작곡한 프란츠 페터 슈베르트 Franz Peter Schubert! 그는 열여덟 살이었던 해의 12월 어느 오후, 독일 시인 괴테의 시 〈마왕〉을 큰 소리로 읽고 난 뒤 한참을 고민하다 갑자기 재빠르게 의자에 앉아 곡을 쓰기 시작했어요. 그리고 단 하루 만에 짧고 강렬한 가곡을 하나 탄생시켰지요. 바로 전설적인 명곡 〈마왕〉입니다.

음악은 말이 질주하는 모습을 표현하며 시작합니다. 음산하고 불길한 느낌이 나지요. 슈베르트는 작곡을 끝내고 6년이나 지난 뒤에야 이 곡을 세상에 공개했어요. 말이 달리는 피아노 파트의 연주가 너무 복잡해 수정이 필요했기 때문이에요. 그만큼 어려운 작품이었던 거예요. 결국 슈베르트는 이 곡을 네 번이나 지우고 다시 쓰길 반복했고, 최대한 다듬고 다듬어 완벽에 가까운 명곡을 만들어 냈습니다. 그러다 보니 도입부의 피아노 전주부터 분위기를 압도하지요. 그럼 괴테의 시에서 가져온 가곡 〈마왕〉의 내용을 살펴볼까요?

이 곡은 1명의 가수가 4명의 역할을 소화해야 해요. 교활한 마왕, 말을 탄 초조한 아버지, 두려움에 사로잡힌 병약한 아들, 이야기를 설명하는 해설자까지 연기해야 하지요.

노래는 서서히 긴장감을 높여 갑니다. 말이 달리는 피아노 구간을 지나면 해설자가 "바람 부는 이 늦은 밤 누가 말을 달리는가?"라고 상황을 말해 줘요. 그리고 아이를 감싸 안은

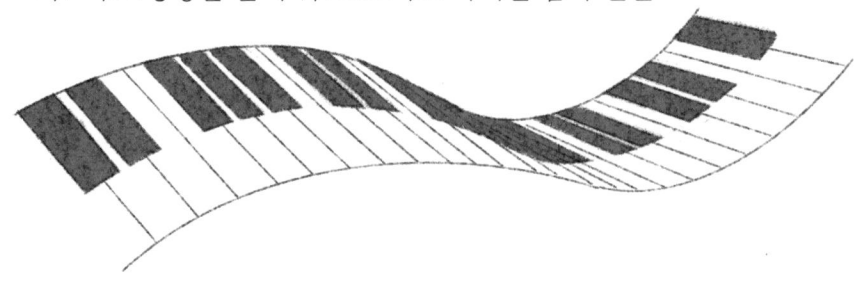

아버지가 "아가야, 무엇이 두려워 얼굴을 가리느냐?"라고 물으며 걱정스럽게 아이를 내려다봅니다. 아이는 두려움에 떨며 "아버지, 아버지는 마왕이 보이지 않아요?"라고 말하지요. 이윽고 마왕이 등장해 "귀여운 아가야, 나랑 함께 가려무나. 가서 나와 재미난 놀이를 하자꾸나."라고 말합니다.

그렇게 이야기는 점점 비극으로 치닫지요. 하지만 마왕이 계속해서 아이를 유혹하는 소리가 들리지 않는 아버지는 아이를 안심시킬 뿐이었어요. 마침내 마왕이 말해요.

"나와 같이 가지 않는다면 너를 억지로 데려갈 테야!"

아버지는 계속 말을 달리게 하고, 아이는 점점 공포에 질려 갑니다. 그리고 아버지가 쇠약해진 아이를 품에 안고 집으로 돌아왔지만 품속의 아이는 이미 숨이 멎어 있었지요.

1821년 슈베르트는 〈마왕〉의 첫 공연을 선보이며 곧바로 큰 성공을 거두었어요. 대중은 그에게 열광적 지지를 보냈고, 비평가들은 "음악적 묘사의 걸작이며 지워지지 않을 획기적 인상"이라는 찬사를 보냈답니다. 그의 생애에 다른 어떤 작품도 〈마왕〉보다 더 주목받지 못했을 만큼 정말 대단한 곡이었어요. 그러나

안타깝게도 슈베르트가 영감을 준 괴테에게 악보를 보내 감사 인사를 전했지만 무시를 당했답니다.

　슈베르트의 〈마왕〉에 관한 또 하나의 에피소드가 있어요. 슈베르트가 〈마왕〉을 출판하기 위해 출판사에 악보를 보냈을 때, 악보를 받은 출판사에서 곡이 너무 괴상해 출판할 수 없다며 악보를 다시 돌려보냈어요. 그런데 황당하게도 그 악보가 페터 슈베르트가 아닌 안톤 슈베르트에게 잘못 전해졌지요. 페터 슈베르트는 당시 아직 잘 알려지지 않은 10대 작곡가였고, 안톤 슈베르트는 40대의 유명한 음악가였는데, 악보를 받은 안톤 슈베르트가 이런 수준 낮은 곡이 왜 자기의 것이냐며 출판사에 불쾌감을 드러냈다고 해요. 하지만 시간이 흘러 페터 슈베르트는 이 곡뿐만 아니라 수많은 곡으로 사랑받는 음악가가 되었답니다.

for parents

슈베르트의 〈마왕〉은 가곡 역사의 전설적인 존재와도 같습니다. 그런데 슈베르트 말고도 〈마왕〉을 작곡한 음악가가 여럿 있었습니다. 그중에서도 가장 유명한 작곡가로는 악성 베토벤을 꼽을 수 있지요. 베토벤 역시 괴테의 시에서 영향을 받아 가곡 버전의 〈마왕〉(1795년경)을 미완성으로 남겼습니다. 비슷한 시기에 살았던 슈베르트보다 20년 앞선 〈마왕〉이지요. 물론 완성작은 아니어도 베토벤이 쓴 작품이기에 그 가치는 클 수밖에 없습니다. 100년이 지나도록 알려지지 않았던 베토벤의 〈마왕〉은 20세기 독일 음악학자 라인홀트 베커란 사람이 찾아내 빈 부분을 채워서 복원했어요. 완벽한 원작자의 것은 아닐지라도 아이와 함께 베토벤의 숨결을 조금이나마 느껴볼 수 있는 의미 있는 작품입니다.

유령선의
전설

리하르트 바그너
오페라 〈방황하는 네덜란드인〉 서곡
1841년 | 약 10분

1500년대 말부터 이탈리아를 중심으로 발전한 오페라는 음악과 극을 결합한 종합 예술로 문학적, 미술적, 무용적 요소 등이 한데 어우러진 성악 음악의 꽃입니다. 대표적인 오페라 작곡가들로는 로시니, 베르디, 푸치니 같은 이탈리아 작곡가들이 있는데, 독일 오페라의 거장 리하르트 바그너Richard Wagner도 빼놓을 수 없습니다. 바그너 오페라의 가장 큰 특징은 화려하고 강렬하다는 점이에요. 트럼펫과 호른, 바순 같은 관악기들을 잘 활용해 풍성한 소리를 내지요. 오페라〈방황하는 네덜란드인〉이 그중 하나예요.

　이 오페라의 내용은 '유령선의 전설'입니다. 바다에 표류하며 육지에 오르지 못하는 저주받은 유령선에 대한 이야기이지요. 우선 주인공인 네덜란드인이 누구인지 살펴볼까요? 네덜란드인은 아프리카의 희망봉 부근에서 폭풍을 만난 선장이에요. 선장은 배가 좌초돼 침몰하자 자신의 무능력함을 신들의 책임으로 돌려요. 이에 분노한 신들은 선장에게 저주를 내렸어요. 선장을 배와 함께 바다 위에서 영원히 떠돌게 하는 것이었지요. 7년에 한 번 육지에 상륙할 기회가 주어졌을 때 진정한 사랑을 이루는 것만이 저주에서 탈출할 수 있는 유일한 방법이었답니다. 오페라의 이야기는 여기에서부터 시작해요.

　노르웨이의 선장 달란트가 폭풍우에 휘말려 표류하다가 노르웨이 해안가에 다다릅니다. 달란트의 배가 도착하기 전 이미 다른 배가 정박해 있었는데, 그 배는 다름 아닌 저주받은 네덜란드인 선장의 배였지요. 네덜란드인 선장은 달란트

에게 자신의 상황을 이야기하고 돈과 보석이 가득 든 상자를 보여주면서 저주를 풀 수 있는 순수한 여인을 찾는 데 쓸 거라고 말합니다. 하지만 돈과 보석을 보고 욕심이 생긴 달란트는 자신의 딸 젠타와 결혼시켜 그것을 가로채려 하지요.

달란트가 네덜란드인 선장을 자신의 집으로 데려가 젠타에게 소개하자 젠타는 그를 운명적 사랑으로 받아들여요. 네덜란드인 선장도 마찬가지였지요. 둘은 곧 결혼식을 하기로 합니다. 하지만 젠타를 좋아하는 사냥꾼 에릭이 젠타를 찾아가 버림받은 슬픔을 한탄하며 과거 그녀가 자신에게 사랑을 고백했다는 사실을 말하지요. 이를 숨어서 지켜보던 네덜란드인 선장은 젠타의 사랑이 거짓이라 여기고 그곳을 떠나 버리고 말아요. 젠타는 출항하는 네덜란드인 선장을 잡지 못하고 절벽으로 달려가 네덜란드인 선장을 향한 사랑을 맹세하고 바다로 뛰어들어요. 젠타의 희생으로 네덜란드인 선장의 저주가 풀리며 유령선은 부서져 사라지지요.

〈방황하는 네덜란드인〉은 런던으로 가는 항해에서 위험을 맞이했던 바그너 자신의 경험과 북부 유럽의 전설들을 소재로 만든 곡이에요. 대부분의 줄거리는 유령선의 중세 전설을 소재로 쓴 독일 대문호 하인리히 하이네의 소설 《폰 슈나벨레보프스키의 회상》에서 가져왔고, 나머지는 작곡가 자신이 독창적으로 썼답니다. 오페라는 총 3막으로 구성되어 있어요. 그중 오케스트라의 연주로 시작하는 서곡(오페라 첫 시작의 기악 도입부)은 현악기의 웅장한 연주로 높이 출렁이는 파도와 폭풍이 다가오고 있음을 묘사해요. 이 부분을 "저주받은 네덜란드인 동기"라고 부른답니다. 폭풍이 지나가면 느린 속도로 부드럽고 아름다운 관악기의 음색이 들립니다. 이는 '젠타의 구원'을 상징하는 부분이지요. 다시 폭풍이 거칠어지면서 서곡이 강렬하게 끝납니다.

〈방황하는 네덜란드인〉은 바그너가 처음으로 신화나 전설을 활용해서 만든 오페라입니다. 바그너는 이후에도 '3막의 낭만적 오페라'라는 부제를 단 〈탄호이저〉와 유명한 '혼례의 합창'이 담긴 〈로엔그린〉, 무려 16시간을 연주하는 대규모 오페라 〈니벨룽겐의 반지〉 역시 전설을 바탕으로 만들었답니다. 여러분도 재미있는 이야기를 들었을 때, 그 이야기를 어떤 음악으로 만들 수 있을지 한번 상상해 보면 어떨까요?

for parents

1839년 바그너가 라트비아 리가에서 영국 런던으로 가는 배를 탔는데, 이때 세 번의 풍랑을 만나 죽을 고비를 넘겼습니다. 그래서 노르웨이의 잔트비케라는 어촌으로 대피해 잠시 머물렀지요. 바그너는 잔트비케 해변에서 큰 인상을 받았고, 이곳 노르웨이 선원들이 부르던 노래에서 영감을 얻어 오페라의 3막 첫 부분인 '선원들의 합창'sailor's chorus을 작곡했습니다. 음산한 바람이 불며 파도가 높아지자 네덜란드의 선원들이 노래를 부르며 활기를 띠기 시작하고, 이에 노르웨이의 선원들도 경쟁하듯 큰 목소리로 노래하는 장면이에요. 흥겨운 '선원들의 합창'을 아이와 꼭 들어 보세요.

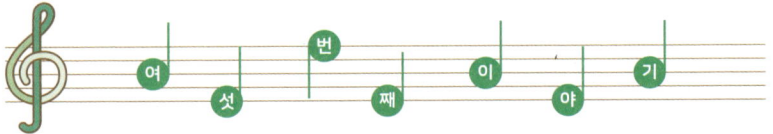

화려하지만
슬픈 사랑 이야기

주세페 베르디
오페라 〈아이다〉 중 2막
'이집트에 영광을, 이시스 여신에게 영광을': 개선 행진곡과 합창
1871년 | 약 3분

전 세계의 오페라 극장에서 가장 많이 상연되는 오페라를 고르라면 이 작곡가의 작품들을 빼고서는 이야기할 수 없답니다. 바로 오페라의 왕이라 불린 이탈리아의 주세페 베르디 Giuseppe Verdi의 작품들이에요. 〈나부코〉, 〈일 트로바토레〉, 〈라 트라비아타〉, 〈운명의 힘〉 등 유명한 오페라를 많이 만들었지요. 오페라 작곡가로서 일찌감치 성공가도를 달린 베르디는 일생 동안 26편의 오페라를 만들었어요. 푸치니, 벨리니, 도니체티, 모차르트와 같은 다

른 오페라 작곡가들에 비해서도 훨씬 많이 작곡한 거죠.

그렇다면 베르디를 '오페라의 왕'으로 만든 결정적 작품은 무엇이었을까요? 바로 오페라 〈아이다〉입니다. 〈아이다〉는 베르디가 쉰여덟 살 때 이탈리아 오페라의 특징을 최대한 살려 만든 작품이에요. 노래를 중심으로 오페라의 극적 효과와 배역들의 감정을 충실히 살린 최고의 극으로 평가받지요.

이집트의 고대 도시 멤피스 왕궁에서 장군 라다메스가 노예로 잡혀온 에티오피아 공주 아이다와의 사랑을 반드시 이루겠다고 다짐하면서 이야기가 시작됩니다. 하지만 라다메스를 짝사랑하는 이집트 공주 암네리스가 이를 질투하지요. 아이다는 자신의 나라와 사랑하는 라다메스 사이에서 갈등해요.

한편 암네리스는 라다메스가 전쟁터로 떠난 사이에 아이다의 의중을 떠보기 위해 라다메스가 전투 중에 전사했다고 거짓말을 해요. 그렇게 아이다도 라다메스를 좋아한다는 것을 알게 됩니다.

전쟁에서 승리하고 돌아온 개선 장군 라다메스와 병사들을 맞이하는 성대한 환영식이 펼쳐지고, 전투에서 공을 세운 라다메스에게 암네리스가 관을 씌워 줍니다. 이때 흐르는 곡이 바로 '이집트에 영광을, 이시스 여신에게 영광을'이라는 개선 행진곡이에요. 파라오는 환영식에서 라다메스를 자신의 후계자로 지목하며 딸 암네리스와 결혼시키겠다고 발표해요. 라다메스는 파라오의 명령을 따를 수밖에 없었지요. 결혼식을 앞둔 라다메스가 아이다를 찾아가고, 아이다는 함께 에티오피아로 도망가자고 해요.

라다메스는 사랑하는 사람을 버릴 수 없어 명예를 포기하고 아이다와 떠날 결심을 합니다. 하지만 아뿔싸! 이때 암네리스에게 발각돼 라다메스는 체포되고 아이다는 도망쳐요. 배신자가 되어 버린 라다메스에게 암네리스가 다시 한번 기회를 주지요. 그러나 라다메스는 이를 거절해요.

결국 라다메스는 국법에 의해 신전 밑 돌무덤에 갇히는 끔찍한 벌을 받습니다. 그런데 홀로 지하 돌무덤에 들어간 라다메스는 그곳에서 아이다를 발견해요. 아이다가 라다메스와 함께하기 위해 스스로 무덤 속에 들어가 있었던 거예요. 암네리스는 이 사실을 모른 채 슬퍼하며 라다메스의 죽음을 지켜보았고, 아이다와 라다메스는 영원한 사랑을 약속하며 비극적인 결말을 맞습니다.

for parents

2막 2장의 일명 '개선 행진곡'으로 유명한 이 작품은 비극적인 마무리를 더욱 극대화시키는 극 중 제일 화려한 장면에 등장합니다. 에티오피아와의 전쟁에서 승리하고 돌아온 이집트군이 개선문을 통해 귀환하고 백성, 고관, 시녀, 신관 모두가 열렬히 환영하는 부분이죠. 3대의 긴 나팔(이집트 트럼펫)이 당차게 울려 퍼지며 여러 춤이 펼쳐지는 오페라의 백미라 할 수 있는 부분입니다. 이 밖에 1막의 라다메스가 부르는 '청아한 아이다'(테너)와 아이다가 부르는 '이기고 돌아오라'(소프라노), 그리고 3막에서 결혼을 앞둔 라다메스를 만날 아이다가 그에게서 이별의 말을 듣게 되었을 때 나일강에 몸을 던질 각오를 하고 남쪽 하늘을 바라보며 부르는 노래, 그 유명한 아이다의 아리아 '오, 내 고향이여'(소프라노) 등은 오페라의 명성을 이끈 명곡으로 꼽힌답니다.

영상 보기

뒤돌아보면
안 돼

크리스토프 빌리발트 글루크
오페라 〈오르페오와 에우리디체〉 중 3막
'에우리디체 없이 어떻게 살까?'
1762년 | 약 4분

오페라는 그리스 로마 신화에 등장하는 슬픈 사랑 이야기를 담는 경우가 많아요. 최초의 오페라로 알려진 이탈리아 작곡가 자코포 페리의 〈에우리디체〉가 대표적이지요.

 노래와 악기를 잘 다루는 오르페오와 숲의 요정 에우리디체가 결혼을 해요. 하지만 두 사람에게 비극이 찾아오죠. 양봉과 낙농의 신 아리스타이오스가 숲을 산책하던 아름다운 에우리디체를 보고 한눈에 반해 무작정 따라갔고, 에우리디체는 아리스타이오스를 피해 도망치다 독사에 물려 죽고 만 거예요. 아내를 잃은 오르페오는 슬픔에 빠졌어요. 그때 사랑의 신 아모르가 나타나 그의 애절한 사랑에 감동한 여러 신이 그가 에우리디체를 데리러 지하 세계로 내려가는 것을 허락했다고 전해요. 다만 신들의 왕 제우스가 말한 한 가지 조건이 있었지요. 에우리디체를 데리고 나오는 동안 그녀를 쳐다봐서도 안 되며, 그녀에게 이러한 사실을 알려 주어서도 안 된다는 것이었어요. 만약 이를 어기면 에우리디체를 영원히 잃게 된다고 했지요.

　오르페오는 대지의 여신 케레스의 도움으로 지하 세계로 내려갔고, 가는 동안 리라(고대 그리스의 현악기, 지금은 하프로 연주한다)를 연주해 복수의 귀신들을 달래고 죽은 자들의 신 하데스의 마음을 얻어 무사히 에우리디체를 데리고 나왔어요. 하지만 문제가 생겼어요. 제우스의 조건을 잊지 않은 오르페오는 에우리디체를 재촉하면서 지상으로 향하지만, 에우리디체는 오르페오가 자신을 쳐다보지도 않자 그의 사랑이 식은 게 아닌지 의심하며 괴로워했어요. 에우리디체는 오르페오에게 얼굴을 보여 달라고 계속 애원했고,

오르페오는 지상에 거의 다다를 즈음 참지 못하고 결국 뒤돌아 에우리디체를 보고 말았어요. 금기를 깬 오르페오는 에우리디체를 다시 잃고 말지요.

여기까지가 그리스 로마 신화에 나오는 이야기이고, 기존 오페라들이 널리 사용한 내용이에요. 그러나 독일의 고전 작곡가 글루크는 새로운 결말을 만들어 냈지요.

글루크의 오페라 〈오르페오와 에우리디체〉는 에우리디체의 장례식에서 비통에 빠진 오르페오의 모습으로 시작합니다. 그리고 대지의 여신 케레스의 도움이 아닌 사랑의 신 아모르의 조언을 얻어 지하 세계에서 빠져나오다 불상사를 맞이하지요. 여기서부터 이야기가 달라져요. 원래의 신화 내용대로라면 에우리디체는 다시 살아날 수 없어요. 그러나 작곡가 글루크는 에우리디체에게 또다시 새 생명을 주었어요. 오르페오가 아내를 다시 잃고 자신의 목숨을 끊으려던 순간 이를 가엾게 여긴 아모르가 나타나 에우리디체를 살려내는 것으로 결말을 바꾼 거예요.

어찌 보면 좀 허무한 전개이지요. 이렇듯 쉽게 살릴 수 있는데 오르페오가 지하 세계로 내려가 그 고생을 했나 싶기도 해요. 단

한 번의 소중한 기회가 무산된다는 핵심 내용이 다소 빛바랜 오페라가 아닌가 하는 생각이 들기도 하고요.

그런데 글루크가 굳이 이렇게 각색할 수밖에 없었던 이유가 있어요. 글루크는 애당초 신화의 내용을 바꾸고 싶은 마음이 없었다고 해요. 하지만 당시 오스트리아 왕실에서 여왕 마리아 테레지아의 남편인 프란츠 1세의 영명 축일(세례명을 기념하는 날)을 축하하기 위해 오페라 작곡을 의뢰해 어쩔 수 없이 해피 엔딩으로 극을 바꾼 것이죠. 그래서 글루크의 불만이 이만저만 아니었다고 하며, 글루크의 결말을 두고 후일 여러 비평가가 "끔찍한 실수"라 말하기도 했답니다. 여러분은 어떤 결말이 더 나은 것 같나요?

for parents

이 오페라에 나오는 두 곡을 아이와 함께 들어 보세요. 극의 하이라이트는 마지막 3막에 등장하는 오르페오의 노래 '에우리디체 없이 어떻게 살까?'입니다. 또 한 번 아내를 잃고 낙담한 오르페오의 절절함이 느껴지는 파트입니다. 메조소프라노나 테너, 가성으로 소프라노의 음역을 구사하는 남자 가수인 카운터 테너가 주로 노래합니다. 여러 음역대로 소화가 가능해 다양한 음색으로 즐길 수 있어요. 3막 시작에 나오는 오르페오와 에우리디체의 이중창 '당신의 아내를 즐겁게!' 역시 명곡입니다. 에우리디체가 저승을 빠져나오며 자신을 바라보지 않는 남편 오르페오를 오해하는 부분이에요. 심리적 묘사가 두드러져 글루크 오페라의 진가를 느낄 수 있답니다.

영상 보기

여덟 번째 이야기

또 다른 결말

자크 오펜바흐
오페레타 〈지옥의 오르페〉 중 2막 2장 '지옥의 춤'
1858년 | 약 2분

작품 제목 앞에 붙은 '오페레타'operetta라는 단어가 생소하지요? 오페레타는 이탈리아어로 '작은 오페라', 즉 가벼운 오페라라는 의미예요. 일반적인 오페라에 비해 규모가 작고 노래와 춤이 들어간 오락적인 음악극이랍니다.

　오페레타 장르의 대표적인 인물로는 오페레타의 개척자라 할 수 있는 프랑스의 첼리스트이자 작곡가인 자크 오펜바흐Jacques Offenbach를 꼽을 수 있어요. 그는 무려 98편의 오페레타를 작곡했어요. 오페라의 높은 문턱을 낮추기 위해 일반인들도 쉽게 즐길 수 있는 극을 만든 것이지요. 그의 오페레타들은 풍자와 재미를 담고 있으며, 신나는 음악과 춤을 결합해 파리를 중심으로 유럽 전역에서 엄청난 인기를 얻었어요. 그중 가장 대표적인 오페레타가 〈지옥의 오르페〉랍니다.

이 극이 성공한 가장 큰 이유는 앞에서 소개한 글루크의 오페라 〈오르페오와 에우리디체〉의 사랑 이야기를 패러디했기 때문이에요. 글루크의 오페라가 그리스 로마 신화에 등장하는 이야기의 결말을 바꿨다는 거 기억하지요? 그걸 오펜바흐가 또 다르게 바꾼 거예요.

처음 발표했을 때는 좋았다는 반응과 나빴다는 반응이 극과 극으로 나뉘었어요. 일부에서는 "거룩하고 영광스러운 그리스 신화에 대한 모독"이라 평가하며 격렬하게 공격하기도 했지요. 하지만 오히려 이러한 논란이 대중의 관심을 끄는 계기가 되었어요. 오펜바흐는 약간의 수정을 거쳐 공연을 재개했고, 228회나 연속해서 대성공을 거두었답니다.

그렇다면 오펜바흐는 글루크의 오페라를 어떻게 바꾸어 놓았을까요? 극의 시작부터 우스꽝스러워요. 오르페오와 에우리디체를 연인이 아니라 서로 미워하는 사이로 설정했죠. 에우리디체는 오르페오가 의도적으로 풀어 놓은 독사에 물리고요. 이는 죽은 자들의 신 하데스가 에우리디체를 지옥으로 데려가기 위해 오르페오의 마음을 조종한 거예요. 또한 죽음을 맞이한 에우리디체는 이를 비극으로 여기지 않고 오히려 기뻐하지요. 그렇게 1막이 끝나요.

2막에서는 에우리디체가 지옥 생활을 지루해하고 오르페오는 마지못해 에우리디체를 구하러 갑니다. 그런데 모든 것이 신들의 왕 제우스의 계략이었어요. 제우스는 하데스를 혼내 주기 위해 다른 모든 신을 데리고 지옥으로 내려가는데, 이때 에우리디체를 본 제우스가 그녀에게 홀딱 빠져 하데스와 오르페오의 눈을 피해 자신이 데려가려 하지요. 그러나 곧 그런 꿍꿍이가 두 사람에게 발각되고, 제우스는 어쩔 수 없이 에우리디체를 오르페오에게 넘겨요. 그러면서 글루크의 오페라와 마찬가지로 제우스가 오르페오에게 에우리디체를 데리고 나가는 동안 절대 뒤돌아봐서는 안 된다고 경고합니다. 그러고는 제우스가 벼락을

쳐 오르페오가 뒤돌아보게 만들죠.

이후의 이야기도 글루크의 오페라와는 완전히 다른 방향으로 전개됩니다. 에우리디체를 좋아하지 않는 오르페오는 그녀를 데리고 나가지 않게 되어 기뻐하고, 두 사람이 영원히 연인이 될 수 없음에 제우스 역시 기뻐하죠. 그렇게 모두가 기쁨의 춤을 추고 합창을 하며 극이 끝난답니다.

오펜바흐의 〈지옥의 오르페〉가 여전히 사랑받는 이유 중 하나는 유명한 춤곡 '지옥의 춤', 일명 '캉캉'cancan이 등장하기 때문입니다. 캉캉은 1830년경부터 파리의 댄스홀에서 유행한 춤인데, 빠른 템포와 다리를 높이 차는 안무 등이 특징이에요. 캉캉의 흥겹고 경쾌한 음악은 초연 당시 파리의 관객들을 깜짝 놀라게 했다고 해요. '캉캉'은 2막 2장에서 지옥에 있는 신들이 잔치를 벌이며 신나게 춤을 추는 장면에 나와요. 여기에서 어수선한 분위기를 틈타 제우스와 에우리디체가 몰래 지옥을 빠져나가려다 하데스에게 들키고 말지요. 그래서 결국 오르페오와 에우리디체 두 사람이 바깥으로 나가게 됩니다.

for parents

〈지옥의 오르페〉에는 이야기의 내용을 설명하며 전개에 영향을 주는 '여론'이란 캐릭터가 있어요. 대중의 의견을 대변하는 사람이죠. 예를 들어 에우리디체가 독사에 물려 지옥으로 떨어질 때 오르페오가 기뻐하는데, 이때 여론이 등장해 오르페오의 잘못을 지적하며 에우리디체를 지옥에서 구해 와야 한다고 하죠. 올바른 일을 해야 한다며 오르페오를 움직이게 하는 것입니다. 이 역은 오페레타에서 메조소프라노가 담당합니다. 여론은 1막 1장부터 나옵니다.

영상 보기

악마의
유혹

카를 마리아 폰 베버
오페라 〈마탄의 사수〉 중 3막 '사냥꾼의 합창'
1821년 | 약 3분

오페라의 세계는 주로 어른들의 복잡 미묘한 이야기로 가득해요. 물론 여기에는 우리가 아는 그리스 로마 신화의 내용도 큰 비중을 차지하고요. 그럼에도 오페라의 내용에는 몇 가지 공통점이 있어요. 초자연적, 동화적 요소가 가득하다는 거예요. 그중 독일 작곡가 카를 마리아 폰 베버 Carl Maria von Weber의 오페라 〈마탄의 사수〉가 대표적인 작품 중 하나이지요.

베버가 이 곡을 처음 관객들에게 선보이던 때 사람들은 그에게 모차르트의 오페라 같은 희극적 요소나 쾌활한 분위기를 기대했을 거예요. 하지만 베버의 오페라는 완전히 달랐어요. 우리가 영화 〈해리 포터〉나 〈반지의 제왕〉 시리즈 같은 판타지물을 처음 보았을 때 눈을 뗄 수 없었던 것처럼 당시 청중들은 놀라움을 금치 못했어요. 마법 같은 오케스트라의 음향과 예측할 수 없이 전개되는 스토리에 어쩌면 지금의 우리가 느끼는 것과는 조금 다른 놀람과 당황스러움이지 않았을까 싶어요.

마탄의 사수der Freischütz는 '마법의 탄환을 쏘는 사람'이라는 의미입니다. 이를 줄여 우리나라에서는 '마탄'이라고도 하지요. 일단 오페라의 시작인 서곡부터가 신비로움을 자아냅니다. 누군가가 제게 "오페라에 입문하려고 하는데, 어떤 곡부터 들으면 좋을까요?"라고 묻는다면 저는 주저하지 않고 〈마탄의 사수〉를 추천할 거예요. 그만큼 음악과 내용 무엇 하나 놓칠 수 없는 즐거움을 선사하는 오페라랍니다. 그럼 이제부터 줄거리를 들려 드릴게요. 이야기의 배경은 사냥 대회가 열리는 체코입니다.

보헤미아 지역의 숲을 지킬 산림 감독관을 선발하기 위해 사냥 대회가 열렸습니다. 출전을 앞둔 젊은 사냥꾼 막스는 부담감을 떨칠 수 없었어요. 영주가 주최하는 이 대회에서 우승해야만 자신이 사랑하는 보헤미아 최고의 미인인 아가테와 결혼할 수 있기 때문이었지요.

산림 감독관인 아가테의 아버지가 우승하지 못하면 자신의 딸과 결혼하는 걸 허락하지 않겠다고 해 불안감이 더욱 컸지요. 그러던 중 막스는 동료 사냥꾼인 카스파르로부터 은밀한 제안을 받아요. 그것은 '백발백중 마법의 탄환', 즉 마탄을 얻을 수 있는 방법을 알려 주겠다는 것이었어요. 이에 현혹된 막스는 마탄을 얻기 위해 카스파르가 알려 준 음산한 늑대의 골짜기로 향해요. 그런데 막스가 이끌린 이 모든 과정은 악마 자미엘의 큰 그림이었습니다.

카스파르가 막스를 끌어들인 이유는 이미 악마 자미엘과 거래해 마탄을 얻은 터라 자신의 영혼을 빼앗기기 싫어서 막스에게 넘기고자 한 것이었죠. 우승을 향한 일념을 가진 막스는 마탄 일곱 발과 자신의 영혼을 교환했어요. 그런데 여기에는 조건이 하나 있었어요. 마지막 일곱 번째 탄환은 악마 자미엘이 원하는 타깃을 맞혀야 한다는 것이었지요.

마침내 막스는 사냥 대회에 나섰고, 역시 마탄의 위력은 대단했어요. 백발백중이었지요. 드디어 마지막 한 발이 남은 상황! 카스파르가 나무 뒤에 숨어 이 모습을 지켜보고 있어요. 막스는 영주의 지시에 따라 하늘의 새를 표적으로 마탄을 발사했어요. 과연 어떻게 되었을까요? 이럴 수가! 막스가 사랑하는 여인 아가테가 쓰러졌어요. 그와 동시에 카스파르도 쓰러졌지요. 그럼 마탄은 어디로 향한 것일까요? 2명 모두? 아닙니다. 자미엘이 선택한 영혼은 단 한 사람, 카스파르였습니다. 아가테는 놀라 쓰러진 것이었고요. 죽어가는 카스파르는 자미엘을 원망하며 이런 말을 남깁니다. "당신은 약속을 이런 식으로 지킵니까?"

오페라의 마지막인 3막이 시작되면 대회를 앞둔 사냥꾼들이 함께 모여 경쾌한 '합창'을 부릅니다. 첫 서곡도 유명하지만 전체를 놓고 보면 아마도 '사냥꾼의 합창'의 멜로디가 가장 친숙할 거예요. 우리에게는 '사냥꾼의 합창'으로 잘 알려져 있지만, 원래 제목은 '사냥보다 더 즐거운 일은 없어'입니다.

for parents

19세기 독일 오페라의 르네상스를 연 베버의 성공작 〈마탄의 사수〉는 이후 후배 음악가들에게 큰 영향을 끼쳤어요. 그것은 독일 낭만주의 오페라가 본격적으로 시작되는 신호탄이었죠. 베버의 음악은 비현실적인 내용과 쉬운 민속 선율을 사용해 국민적 지지를 얻을 수 있었어요. 본문에서는 언급하지 않았지만 2막의 늑대의 골짜기 장면은 오싹하게 만드는 베버의 탁월한 음악적 효과가 두드러진답니다.

영상 보기

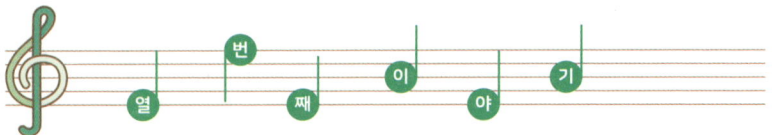

결혼을
허락해 주세요

지아코모 푸치니
오페라 3부작 제3번 〈잔니 스키키〉 중 '오 사랑하는 나의 아버지'
1918년 | 약 2분

이탈리아 중부 피렌체에 유명한 다리가 하나 있어요. 세계적인 명소인 베키오 다리이지요. 이곳은 1200년대 이탈리아의 위대한 시인인 단테 알리기에리와 그가 사랑한 베아트리체의 운명적 만남이 이루어진 다리로 널리 알려져 있답니다. 그래서 과거 피렌체의 연인들은 영원한 사랑을 맹세하고 그 증표로 자물쇠를 채운 뒤 열쇠를 강물에 버리거나 다리에 자물쇠를 걸곤 했다고 해요. 또한 오페라 〈잔니 스키키〉의 배경으로도 인기가 많은 장소랍니다.

〈잔니 스키키〉는 부자 노인의 유산을 둘러싼 소동을 익살스럽게 그린 오페라예요. 짧은  전주 음악으로 막이 오르며 피렌체의 부자 부오소의 임종을 지키기 위해 그의 친척들이 모여 있는 장면으로 시작합니다. 모두가 슬퍼하는 듯 보이지만 사실 그들은 유산을 차지하기 위해 혈안이 되어 있지요. 그러다 부오소의 전 재산이 수도원에 기증되었다는 소식을 듣고 한시라도 빨리 유언장을 찾기 위해 한바탕 소동을 벌입니다.

이때 부오소의 친척인 청년 리누치오가 유언장을 발견하고, 친척들이 달려들어 유언장을 빼앗으려 해요. 리누치오는 부오소의 친구인 잔니 스키키의 딸 라우레타와의 결혼을 승낙하기 전에는 절대로 유언장을 내놓지 않겠다고 해요. 그래서 리누치오의 큰어머니인 치타가 어쩔 수 없이 결혼을 허락하지요.

유언장에는 정말로 수도원에 유산을 기증하겠다고 쓰여 있었고, 치타는 부오소의 유산을 받을 수 없으니 리누치오를 잔니 스키키의 딸과 결혼시킬 수 없다고 으름장을 놓아요. 이에 잔뜩 화가 난 잔니 스키키는 딸을 데리고 돌아가려 하지요. 바로 여기에서 베키오 다리가 등장합니다.

놀란 라우레타는 리누치오와 떨어지려 하지 않습니다. 라우레타는 아버지 잔니 스키키를 향해 돌발적 행동을 해요. 리누치오와의 결혼을 허락하지 않으면 베키오 다리에 올라 아르노강에 뛰어들겠다고 한 거예요. 이 부분이 라우레타(소프라노)의 노래인 세계적인 아리아 '오 사랑하는 나의 아버지'랍니다.

이 노래의 주된 내용은 결혼을 할 수 없다면 강에 몸을 던지겠다며 아버지를 협박하는 거예요. 많은 사람이 지금까지도 이 노래의 제목과 예쁜 선율 때문에 아버지를 향해 부르는 효심 가득한 노래로 잘못 알고 있지만, 실제로는 불효의 노래인 셈이지요. 베키오 다리가 푸치니의 오페라에서는 사랑의 상징과는 거리가 멀게 등장한 거예요.

그나저나 오페라의 결말도 궁금하지 않나요? 잔니 스키키의 묘안으로 친척들은 잔니 스키키를 부오소로 변장시켜 유언장을 다시 작성하게 해요. 부오소가 아직 죽지 않은 것처럼요. 하지만 꾀 많은 잔니 스키키가 친척들에게 부오소의 재산을 나누어 갖게 했을 리 없지요. 부오소가 된 잔니 스키키는 재산 가운데 가장 비싼 집과 당나귀 그리고 방앗간까지 "둘도 없는 친구 잔니 스키키에게 남긴다."라고 유언한 뒤 욕심 많은 친척을 모두 쫓아내 버렸습니다.

---

for parents

푸치니가 예순 살에 작곡한 〈잔니 스키키〉는 그의 고향 토스카나가 배경이라는 점에서도 의미 있는 작품입니다. 푸치니는 일생 동안 12편의 오페라를 남겼는데, 〈잔니 스키키〉가 아홉 번째 작품입니다. 특히 이 작품은 1시간도 안 되는 1막짜리 오페라로 구성된 일명 '3부작' 오페라 중 하나입니다. 3부작은 제1번 〈외투〉, 제2번 〈수녀 안젤리카〉, 제3번 〈잔니 스키키〉입니다. 푸치니는 3편의 단막극을 하룻밤 동안 이어 공연할 수 있도록 설계했는데, 유독 〈잔니 스키키〉는 단독으로 자주 공연되었고 다른 두 작품보다 더 많은 사랑을 받았습니다.

제2장

멋진 음악가들을 만나요

음악가들이
사랑한 음악가

요한 제바스티안 바흐
관현악 모음곡 3번 D장조, BWV 1068 : 제2곡
1722년경 | 약 5분

평생 다른 나라로 여행 한번 가지 않은 작곡가가 있었답니다. 바로 우리가 "음악의 아버지"라 부르는 요한 제바스티안 바흐Johann Sebastian Bach입니다. 바흐에게 특별한 사정이 있었던 것은 아니에요. 단지 자신의 나라에서 교회 음악 만드는 일을 각별하게 여기며, 언제나 사는 곳에서 멀지 않은 지역으로만 여행을 다녔지요. 그런데도 바흐라는 작곡가가 어떻게 세상에 널리 알려질 수 있었을까요?

그건 지금까지 수많은 음악가가 바흐의 음악을 공부하거나 그의 음악을 연주했기 때문이에요. 대부분의 음악가가 바흐의 음악을 반드시 지녀야 할 귀중품처럼 여겼어요. 모차르트와 베토벤도 바흐의 음악을 공부해서 더욱 발전적인 음악을 만들어 낼 수 있었답니다.

바흐는 인류가 탄생하면서부터 만들어진 수많은 음악을 잘 정리해 다음 세대 음악의 밑바탕을 만들어 주었어요. 이전까지 그 누구도 해내지 못한 일이었지요. 사람은 누구나 부족한 점이 있기 마련인데 바흐는 그런 구석을 찾아보기 힘들 정도로 완벽에 가까운 음악성을 보여 주었답니다. 낡은 과거의 음악을 버리지 않고 예술적 가치를 높여 미래의 음악에 등불이 되도록 만들어 주었어요. 만약 음악의 신이 있다면 그것은 바흐가 되어야 하지 않을까 생각합니다.

요한 제바스티안 바흐

우리는 지금도 알게 모르게 바흐의 음악을 듣고 있답니다. 바흐가 만든 음악이 무려 1000곡이 넘거든요. 이제껏 탄생

한 모든 음악가를 통틀어 봐도 이 정도로 곡을 많이 쓴 사람은 몇 명 되지 않지요. 정말 굉장한 일이에요. 그러니 얼마나 많은 바흐의 음악이 우리 주위에 울려 퍼지고 있겠어요? 그 가운데 바흐의 존재가 새삼 대단하다고 느껴지는 유명한 작품을 소개해 보겠습니다. 〈G선상의 아리아〉라는 제목으로 알려진 아주 익숙한 곡이에요(아리아는 선율이라는 뜻). 정확한 작품명은 〈관현악 모음곡 3번 D장조, BWV 1068〉인데, BWV^{Bach Werke Verzeichnis}는 바흐의 작품 목록을 뜻해요. 이렇게 멀쩡한 작품명이 있는데도 이 곡이 〈G선상의 아리아〉로 알려진 이유가 있어요. 19세기 독일의 명 바이올리니스트인 아우구스트 빌헬미란 연주자가 4개의 바이올린 현 중 가장 낮은 G현을 위해 편곡하면서 유명해졌기 때문이에요.

이 작품은 총 5곡으로 이루어져 있는데, 그중 두 번째 곡 '에어'(또는 아리아)가 바로 흔히 말하는 〈G선상의 아리아〉랍니다. 악기 하나로 조용하고 나긋하게 연주하는 경우가 많지만, 원래는 여러 대의 악기를 위한 모음곡이라 10명 정도의 연주자가 함께 연주하지요. 그래서 '관현악 모음(곡)'이라는 제목이 붙은 거고요. 원곡을 잘 들어 보면 바이올린의 독주 선율이 낮게 받쳐 주는 다른 악기들의 소리들 위에서 아름다운 자태를 뽐낸답니다.

---

for parents

이 곡의 주인공은 바이올린입니다. 가장 잘 들리는 악기의 소리가 바이올린이니 아이에게 바이올린의 사진과 바이올리니스트의 연주 영상도 한번 보여 주세요. 악기의 이미지를 떠올리며 음악을 들으면 아이의 음악 감상에 큰 도움이 됩니다.

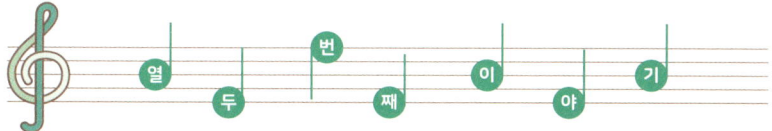

기회를 성공으로

게오르크 프리드리히 헨델
오페라 〈리날도〉, HWV7 중 2막 4장 '제발 나를 울게 내버려 두오'
1711년 | 약 4분

"음악의 어머니"로 불리는 독일 출신의 게오르크 프리드리히 헨델Georg Friedrich Händel은 영국을 대표하는 국민 작곡가입니다. 무슨 얘기냐고요? 먼저 헨델이 어떤 음악가인지 살펴보기로 해요.

헨델은 음악과 극이 합쳐진 오페라의 거장으로 유명해요. 오페라는 노래, 악기 연주, 의상, 무대 연출 등 여러 예술적 요소가 들어 있는 종합 예술입니다. 이를 하나부터 열까지 헨델이 모두 손수 기획했지요. 오페라는 곡이 완성되어 무대에 올리기까

게오르크 프리드리히 헨델

지 정말 쉽지 않은 과정을 거쳐요. 이러한 오페라를 헨델은 30년 동안 무려 42편이나 작곡했답니다. 이것은 정말 엄청난 업적이에요. 헨델이 오페라를 대충 만든 것 아니냐고요? 그렇지 않아요. 하나같이 매력적인 작품들이고, 지금까지도 여전히 사람들에게 사랑을 받고 있어요.

헨델이 유명해진 계기는 1710년 그가 스물다섯 살 때 영국 런던으로 여행을 가게 되면서였어요. 독일 하노버에서 살고 있던 헨델은 이전부터 영국에서 성공하고 싶었어요. 오페라의 즐거움을 아직 잘 모르는 영국인을 상대로 돈도 벌고 자신의 능력도 확실하게 각인시키고 싶었지요.

당시 영국은 앤 여왕이 통치하던 시기였어요. 런던에는 유일한 이탈리아 오페라 극장이 있었는데 이름이 '여왕 폐하의 극장'The Queen's Theatre이었어요. 헨델이 런던에 갔을 때 이곳에서 마침 새로운 작곡가를 찾는 중이었어요. 헨델이 운이 좋았던 걸까요?

당시 영국은 오페라가 발달하지 않았어요. 영국인들은 오페라보다 연극을 더 즐겨 보았지요. 세계적인 극작가 셰익스피어의 나라답게 극에 음악이 아닌 말을 넣는 것을 당연하고 자연스럽게 여겼으니까요. 그렇지만 헨델은 영국 사람들이 자신이 만든 오페라의 매력에 분명 빠져들 거라 확신했어요. 결국 그 자신감은 정확히 들어맞았지요. 헨델은 영국에 처음 방문한 후 이듬해에 다시 영국을 찾았고, 단 3개월 만에 뚝딱 만든 오페라를 여왕 폐하의 극장에서 선보였어요. 그 작품이 바로 〈리날도〉입니다.

리날도는 십자군의 장군 이름이에요. 십자군은 중세 유럽 기독교가 팔레스타인과 예루살렘을 이슬람교도로부터 되찾기 위해 싸우던 원정대를 말해요. 리날도는 십자군 최고 사령관의 딸 알미레나와 사랑하는 사이였는데, 적진의 왕 아르칸테가 전쟁에서 승리하기 위해 마법사이자 마녀를 이용해 알미레나를 납치하죠. 그리고 잡혀 온 알미

'여왕 폐하의 극장'의 현재 모습

레나를 본 아르칸테가 그녀에게 반해 고백까지 하는데, 이때 알미레나가 부르는 노래가 바로 '제발 나를 울게 내버려 두오'입니다. 가사는 자유를 염원하고 처지를 한탄하는 내용입니다. 아름다운 선율이지만 알미레나의 슬픔이 담긴 곡이지요.

"나를 울게 내버려 두오. 슬픈 운명에 나 한숨 짓네. 자유 위해 나 한숨 짓네!"

헨델의 여왕 폐하의 극장 데뷔 무대는 성공적이었습니다. 영국인들인 헨델을 통해 이제껏 들어 보지 못한 진짜 오페라를 경험한 거예요. 사람들은 음악과 극의 환상적인 조합을 이룬 경이로운 오페라에 매료되었어요. 덕분에 헨델은 영국 정부로부터 매년 높은 연금도 받게 되었지요.

헨델은 앤 여왕을 위해 이탈리아어로 되어 있는 〈리날도〉의 가사집을 영어로 번역해 여왕에게 헌정하기도 했어요. 영국인들이 오페라를 잘 이해할 수 있도록 공연 전 미리 영어 가사집을 출판해 선보였고, 이를 통해 앤 여왕의 마음을 확실하게 얻을 수 있었지요. 헨델은 곧바로 여왕 폐하의 극장의 상주 작곡가로 임명되었고 영국에서 입지를 더욱 굳혔답니다. 자신이 세운 오페라단인 영국 왕립 음악 아카데미의 음악 감독으로 활동하고, 왕실 예배당의 작곡가로 왕족의 음악 교육을 맡아 점차 위상이 높아졌지요. 그러다 결국 1727년에 영국 시민권까지 획득하면서 진정한 영국인으로 인정받기에 이른답니다. 이제 왜 독일의 헨델이 영국을 대표하는 국민 작곡가인지 알겠지요?

for parents

알미레나의 아리아 '제발 나를 울게 내버려 두오'의 멜로디는 오페라 〈리날도〉에서 처음 쓰인 것이 아닙니다. 헨델이 그보다 5년 앞서 작곡한 그의 첫 번째 오페라 〈알미라, HWV1〉(1705)의 3막 가장무도회 장면에서 처음 사용했죠. 그리고 2년 뒤 헨델의 최초 오라토리오 〈시간과 깨달음의 승리, HWV46a〉(1707) 중 '가시는 두고 장미를 꺾어라'에서 또 사용했습니다. 3곡을 비교해 들어 보는 것도 흥미로울 거예요. 미묘한 차이가 분명 있거든요.

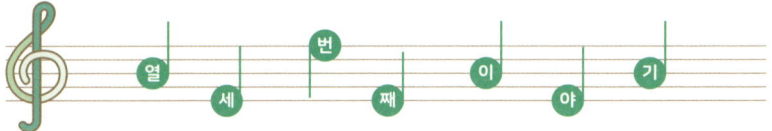

영원한 예술을 위한 노력

루트비히 판 베토벤
교향곡 〈9번〉 '합창' 중 4악장 '환희의 송가'
1824년 | 약 25분

독일의 작곡가 루트비히 판 베토벤Ludwig van Beethoven을 흔히 "악성"이라고 불러요. '악성'은 매우 뛰어난 음악가를 뜻해요. 사람들은 같은 시대를 살았던 천재 모차르트와 베토벤을 늘 비교하곤 한답니다. 모차르트의 작품 대부분이 잘 알려진 곡들이고, 베토벤이 생애에 쓴 곡들 하나하나도 걸작이기 때문이지요. 두 사람 모두 당시 사람들에게 최고의 음악가로 인정받았어요.

　다른 점이라면 베토벤보다 조금 먼저 태어난 모차르트의 시대에는 사람들이 음악을 마치 기계처럼 찍어내는 일회용품처럼 여겼고, 오로지 행사나 귀족의 만찬 배경 음악 정도로 생각했다는 거예요. 하지만 베토벤이 등장하면서 음악에 대한 인식을 단번에 바꾸어 놓았어요. 베토벤은 자신이 만든 곡만큼은 금세 잊히는 상품이 아

루트비히 판 베토벤

니라 시대를 넘어 영원히 이어져야 한다는 신념이 있었어요. 음악도 미술이나 문학처럼 오랜 시간 기억되는 진정한 예술로서 가치를 인정받기를 원했지요. 그래서 모차르트가 하루에 한두 곡씩 작곡한 것과는 달리 베토벤은 한 곡을 작곡하는 데 몇 년씩 공을 들였어요.

베토벤의 마지막 교향곡인 〈9번〉 '합창'은 그가 무려 30년 이상을 고민해 만든 혁신적인 작품이랍니다. 오늘날 베토벤을 가장 확실하게 각인시킨 작품이자 그의 명곡 중에서도 단연 제일의 역작으로 칭송받고 있지요. 이 곡은 베토벤이 귀가 완전히 들리지 않고 몸 상태도 매우 좋지 않을 때 만들었어요. 그래서 더 위대

한 곡이기도 해요. 이 교향곡을 처음 선보였을 때 베토벤이 청중의 박수갈채 소리를 듣지 못했다는 이야기도 전해지고 있어요.

역사적인 '합창 교향곡'의 초연은 1824년 5월 비엔나에서 열렸습니다. '합창 교향곡'의 하이라이트는 총 4악장 중 마지막 4악장이었어요. 교향곡은 보통 악기만으로 연주되지만, '합창 교향곡' 4악장은 기존의 형식을 파괴하고 악기에 사람의 목소리를 결합했거든요. 당시로서는 아주 충격적인 시도였어요. 당시 음악 전문가들이 베토벤의 음악을 일탈이라 규정하고, 기악 음악의 순수함을 짓밟는 황당한 짓이라고 강력히 비난했을 정도였지요.

게다가 합창단이 4악장에 등장하기 위해 3악장까지 가만히 앉아 기다리는 모습은 청중들의 불편함과 거부감을 가중시켰어요. 그럼에도 베토벤은 흔들림 없이 '합창 교향곡'의 모든 모습을 보여 주었어요. 어쩌면 신의 재능을 견디지 못한 인간의 몸으로 말이지요.

'합창 교향곡' 4악장은 흔히 '환희의 송가'라는 가사로 합창과 오케스트라가 함께 어우러져요. 그래서 4악장만 따로 '환희의 송가'라고 하기도 해요.

"백만인이여, 서로 껴안으라! 온 세상에 보내는 입맞춤을 받으라! 형제여!"

이처럼 모든 인류가 함께 실현해야 할 평화를 노래하지요. 4악장은 관악기와 낮은 소리의 첼로, 베이스의 선율이 교차되며 시작하는데, 마치 서로를 질투하는 듯 들리기도 해요. 그러다가 마침내 첼로와 베이스의 선율이 '환희의 송가'를 연주하며 분위기는 점차 빛을 내고, 이윽고 절정으로 치달으며 격정과 감동을 선사한답니다.

for parents

'환희의 송가'의 가사는 베토벤이 프리메이슨 회원이었던 독일의 고전 시인 프리드리히 실러의 《환희의 송가》(1785)를 읽고 감동받아 이를 상당 부분 개작해서 반영한 거예요. 송가ode는 공덕을 기리는 노래 형식인데요, 여기에는 단결의 이상과 모든 인류애를 찬양하는 내용을 담고 있죠. 그러나 이 음악은 히틀러가 집권하던 시기에 아우슈비츠 수용소에서 빈번하게 연주된 비극적인 음악이기도 했답니다.

천재의 조건

펠릭스 멘델스존
연극 음악 〈한여름 밤의 꿈〉 서곡, Op.21
1826년 | 약 13분

2009년에 세계적인 클래식 전문지인 영국 〈BBC 뮤직 매거진〉에서 역사상 최고의 신동 순위 TOP 10을 매긴 적이 있어요. 1위는 오스트리아의 신동 아마데우스 모차르트일 거라 예상하는 사람이 많겠지만, 의외로 독일의 펠릭스 멘델스존Felix Mendelssohn이 뽑혔답니다. 더욱 놀라운 사실은 모차르트는 10위권 안에도 들지 못했다는 거예요.

그렇다면 왜 음악 전문가들은 멘델스존이 모차르트를 뛰어넘는 신동이라고 판단했을까요?

그 이유는 같은 나이 때의 작곡 수준이나 연주력 등을 비교해 보면 모차르트 이후에 등장한 천재들의 수준이 월등히 높았다는 거예요. 예를 들어 모차르트의 열 살 때보다 프란츠 리스트가 열 살 때 보여 준 연주 솜씨가 훨씬 수준이 높았다고 해요. 그리고 모차르트는 다섯 살 때 처음 작곡을 했지만, 카미유 생상스는 세 살 때 연주와 작곡을 할 수 있었지요. 1위로 뽑힌 멘델스존은 여덟 살 때 베토벤 교향곡을 모두 외워 피아노로 연주할 수 있었고, 복잡한 피아노곡을 한 번 보고 그 자리에서 편곡까지 할 수 있었다고 해요.

멘델스존이 열두 살 무렵일 때의 재미있는 일화도 있어요. 당시 독일 문화사의 거목이었던 요한 볼프강 폰 괴테가 일흔 살이었는데, 괴테의 친구인 지휘자 카를 프리드리히 첼터가 제자인 멘델스존을 괴테에게 소개했어요. 괴테가 가장 관심이 적었던 분야가 음악이었는데, 어린 멘델

펠릭스 멘델스존

스존이 그런 괴테 앞에서 까다롭기로 유명한 요한·제바스티안 바흐의 건반 음악을 너무나 쉽게 연주해 그의 마음을 사로잡았지요. 뿐만 아니라 처음 본 베토벤의 작품들을 그대로 피아노로 쳐 보였는가 하면, 모차르트의 오페라들을 피아노로 편곡해 내는 능력까지 선보이자 괴테는 큰 감명을 받았어요. 심지어 모차르트가 연주하는 모습을 직접 본 적이 있는 괴테가, 모차르트보다 멘델스존이 더 훌륭한 음악가라고 극찬했을 정도였다고 합니다. 멘델스존의 천재성은 그가 작곡한 작품들에서도 잘 드러나요. 그는 교향곡, 협주곡, 실내악, 성악곡 등 다방면으로 뛰어난 작품들을 남겼어요.

이번에 소개할 작품은 신동 멘델스존의 면모를 잘 보여 주는 곡 중 하나인 연극 음악 〈한여름 밤의 꿈〉 서곡이에요. 멘델스존이 열일곱 살 때 셰익스피어의 희곡 《한여름 밤의 꿈》을 읽고 매료되어 작곡한 극음악인데, 현재 멘델스존의 작품 가운데 대중들이 가장 좋아하는 곡이랍니다.

제목의 '한여름 밤'은 1년 중 낮이 가장 긴 하지 무렵의 성 요한의 축일 전야예요. 이날 밤 신비로운 현상이 생긴다는 전설을 바

탕으로 셰익스피어가 유머와 위트 가득한 극을 남겼어요. 여기에 멘델스존이 전체 13곡의 구성으로 막과 막 사이, 극의 배경을 암시하는 독창적 음악을 만든 거예요.

멘델스존은 공연이 시작되기 전에 연주하는 서곡을 1826년에 먼저 만들었고, 17년 뒤에 연극을 위한 나머지 12곡을 완성했어요. 서곡은 오랜 시간이 흘렀음에도 여전히 신선하고 매력적인 음악으로 사랑받고 있어요. 특히 마술적인 목관 화음으로 숲의 마법에 걸린 세계를 완벽히 묘사하는 몽환적 분위기가 압권이랍니다.

---

for parents

13곡 가운데 우리에게 너무나 익숙한 음악이 있죠? 결혼식에 가면 늘 듣는 신랑, 신부 퇴장 음악입니다. 바로 제9곡의 '결혼 행진곡'이에요. 1858년 영국 빅토리아 여왕의 첫째 딸 빅토리아 공주가 나중에 독일 황제가 될 프리드리히 3세(재위 1888년)와 영국 런던 세인트 제임스 궁전에서 성대하게 결혼식을 거행했는데, 이때 사용한 음악이 〈한여름 밤의 꿈〉의 '결혼 행진곡'이었어요. 그때부터 지금까지 결혼식 음악으로 널리 애용되고 있답니다.

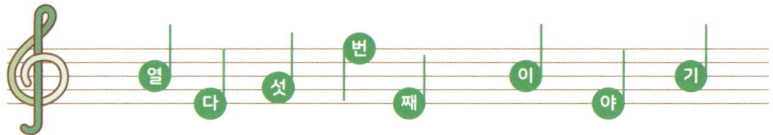

피아노의 시인

프레데리크 쇼팽
연습곡 12번 c단조, Op.10 '혁명'
1831년 | 약 3분

수많은 악기 가운데 대중적으로 가장 친숙한 악기는 아마도 피아노일 거예요. 반면에 피아노는 클래식 악기 중 가장 다루기 어려운 악기로 꼽히기도 해요. 열 손가락이 각기 다른 수많은 음표를 누르면서 저마다 세기와 빠르기를 조절해야 하고 음악적 표현까지 더해야 하니까요. 게다가 악보를 보더라도 30분이 넘는 긴 곡을 음표 하나 틀리지 않고 완벽하게 연주하기란 쉽지 않지요. 그래서 피아노를 정말 잘 치려면 효과적이고 체계적인 연습이 필요하답니다.

악기를 배울 때는 보통 '연습곡' 악보를 따로 두고 기술적인 연습을 해요. 예를 들어 피아노 초보자는 바이엘, 체르니, 하농 등과 같은 작곡가의 연습곡을 쓰는데, 이들의 악보는 악기의 음계, 화음, 조성 등 기본적인 이론과 연주법을 습득할 수 있도록 도와주지요. 그런데 쇼팽의 연습곡은 목적부터 다르답니다. 단순히 실력을 발전시키기 위한 연습곡이 아닌, 고도의 예술성을 지닌 작품으로서의 기능도 하지요.

프레데리크 쇼팽

폴란드 출신의 위대한 피아니스트이자 작곡가인 프레데리크 쇼팽 Frédéric Chopin은 "피아노의 시인"이라 불릴 만큼 피아노를 위한 곡을 많이 썼습니다. 그 가운데 피아노의 절대적 교본으로 칭송받는 27곡의 연습곡은 피아노 역사의 중요한 위치를 차지하며 피아니스트들의 필수 레퍼토리로 다뤄지고 있답니다.

우리말로 연습곡이라고 하지만 음악에서는 흔히 프랑스어로 에튀드 étude라고 말해요. '공부'라는 뜻이지요. 쇼팽은 에튀드를 단순히 학습을 위한 연습곡이 아닌 예술을 위한 연습곡으로 만들었어요. 연습곡에 그의 별칭처럼 시적 표현을 넣어 연주회에서 연주가 가능한 작품을 만든 것이지요.

쇼팽이 첫 에튀드를 작곡한 시기는 열아홉 살 때였어요. 무척 어린 나이에 연습곡을 만들었지요. 당연히 연주 기술을 연마하기 위한 것이었으나 선율, 화성, 리듬 그리고 세세한 감정 표현을 포함한 그야말로 독창적인 에튀드였어요. 쇼팽 시대 이전에는 볼 수 없었던 신선한 창작물이었습니다.

처음에는 이러한 새로움에 적응할 수 없었던 음악가와 비평가들이 쇼팽을 가혹하게 평했어요. 심지어 어떤 사람은 "손가락이 비뚤어진 사람이 이 에튀드들을 연습하면 비뚤어진 손가락을 고칠 수 있을 것"이라고 비아냥거리기도 했지요. 하지만 점차 그의 에튀드의 가치가 달라졌어요. 독일의 음악 학자이자 쇼팽의 전기 작가인 프레데릭 닉스는 쇼팽의 에튀드에 대해 "아름다움과 기술적 목적이 뚜렷하며 이 두 요소가 균형을 이루고 있다. 또한 어느 곡 하나 부족함이 없다."라고 극찬했답니다.

쇼팽의 에튀드들은 모두 주옥같은 곡이라 하나를 딱 짚어 제일 좋다고 말하기 힘들어요. 그래도 하나를 소개하자면 '혁명' 에튀드를 추천하고  싶네요. 작품 번호 10번의 연습곡집 가운데 마지막 12번째 작품이에요. 이 곡은 "혁명적 에튀드" 혹은 "바르샤바 포격에 의한 에튀드"라고도 부릅니다. 1831년 쇼팽이 자신의 고국인 폴란드를 떠나 파리로 향하던 중, 러시아군이 폴란드의 수도 바르샤바를 침입했다는 소식을 듣고 슬퍼하며 만든 곡이에요.

  이 곡을 연주하려면 민첩한 동작이 필요해요. 특히 고음에서 저음으로 여러 개의 음을 빠르게 이동해야 하는 어려운 왼손 테크닉이 필요하지요. 그래서 이 곡은 왼손을 위한 연습곡이라 할 수 있어요. 그렇다고 오른손이 편한 것도 아닙니다. 주요 선율인 오른손은 역동적인 음악적 표현을 보여 주면서 동시에 왼손의 속주를 위해 적절한 균형을 유지해야 하지요.

for parents

쇼팽의 에튀드 가운데 대중에게 가장 잘 알려진 익숙한 곡이지만 연주자들에게는 까다롭기 그지없는 연습곡이랍니다. 아이와 악보를 보며 감상하면 더욱 와닿을 거예요. 왼손의 쉴 새 없는 움직임이 마치 쇼팽의 분노와 비장함을 보여 주는 듯 장대하게 진행됩니다.

환상적인 발레 음악

표트르 일리치 차이콥스키
발레 모음곡 〈호두까기 인형〉 Op.71a 중 제3곡 '사탕요정의 춤'
1892년 | 약 2분

러시아의 작곡가 표트르 일리치 차이콥스키Pyotr Ilich Tchaikovsky 하면 가장 먼저 떠오르는 장르가 발레 음악일 거예요. 〈백조의 호수〉, 〈잠자는 숲속의 공주〉, 〈호두까기 인형〉은 오늘날 차이콥스키의 이름을 국제적으로 알린 작품들이에요. 이를 차이콥스키의 '3대 발레 음악'이라고 합니다. 그런데 차이콥스키가 쓴 발레 음악은 모두 5곡이에요. 앞서 말한 3곡보다 먼저 작곡한 〈신데렐라〉와 〈백설공주〉가 있지요. 그런데 〈신데렐라〉는 완성되지 않

표트르 일리치 차이콥스키

은 채 일부만 남겨져 공연이 어렵고, 〈백설공주〉는 발레보다 춤음악의 비중이 높아서 상연이 잘 안 돼 두 작품을 제외한 나머지 3곡을 묶어 3대 발레 음악이라고 한답니다.

어른들에게는 〈백조의 호수〉가 인기가 많지만, 아이들에게는 아마 〈호두까기 인형〉이 인기가 제일 많을 거예요. 왜 그런지 알아볼까요?

〈호두까기 인형〉은 크리스마스를 배경으로 하고 있어요. 소녀 클라라가 크리스마스 선물로 호두까기 인형을 받고 잠이 든 뒤 꿈을 꾸어요. 꿈속에서 클라라는 쥐와 싸우고 있는 과자 나라의 왕자 호두까기 인형을 도와주고, 호두까기 인형은 그 보답으로 클라라를 과자 나라로 안내해요. 차이콥스키는 클라라의 천진난만하고 사랑스러운 모습과 쥐 군대의 대조적인 모습을 독창적으로 그려 냈어요.

1막의 '눈의 왈츠' 파트에서는 어린이 합창단이 등장해서 어린이 관객들의 눈길을 사로잡아요. 눈의 왕국의 왕과 왕비가 화

려한 왈츠를 추는 장면인데, 음악은 플루트를 중심으로 흐르면서 흩날리는 눈을 환상적으로 표현합니다.

2막의 '사탕요정의 춤'에서는 첼레스타celesta라는 악기의 신비로운 소리가 어린이들의 귀를 사로잡는답니다. 첼레스타는 종소리와 비슷한 소리가 나는 건반 악기인데, 영화 〈해리 포터〉 시리즈의 대표곡인 '헤드위그의 테마'에도 나와 더욱 유명해졌어요. 첼레스타의 묘한 음색이 마법사들의 이야기에도 아주 잘 어울려요.

'사탕요정의 춤'은 차이콥스키보다 한 살 어린 여동생 알렉산드라(애칭 샤샤)를 향한 그리움이 담긴 곡이기도 합니다. 차이콥스키에게 샤샤는 각별한 동생이었어요. 그러나 그가 〈호두까기 인형〉 1막의 작곡을 마치고 2막을 쓰려던 중 샤샤가 죽었고, 그는 큰 슬픔에 빠졌어요. 그래서 동생을 애도하기 위해 2막의 사탕요정을 샤샤로 여기며 작품을 구상한 거예요. 그리고 샤샤를 상징하면서 사탕요정을 표현할 수 있는 음악을 만들기 위해 당시 프랑스 파리에 잠시 머물다 발견한 신생 악기인 첼레스타를 사용했죠. 덕분에 첼레스타는 널리 알려질 수 있었고, 아직까지도 첼레스타 연주가 들어간 클래식 음악 작품 중 '사탕요정의 춤'을 능가하는 대중적인 곡이 없을 정도랍니다.

for parents

〈호두까기 인형〉은 발레 음악으로 발표하기 전 8개의 기악곡만 뽑아 오케스트라 음악으로 먼저 선보였습니다(서곡, 행진곡, 사탕요정의 춤, 트레파크trepak-러시아 및 우크라이나 지방의 3박자 춤곡, 아라비아 춤, 중국 춤, 풀피리 춤, 꽃의 왈츠). 이 곡들은 사람들에게 큰 호평을 받았으나, 이후 발레가 들어간 원곡의 초연은 좋은 평을 얻지 못했습니다. 박수갈채를 받긴 했지만 어디까지나 발레가 아닌 음악을 향한 호응이었죠. 실패한 가장 큰 이유는 춤보다 연극의 비중이 많았고, 미숙한 무용수를 캐스팅했기 때문이에요. 하지만 현재 〈호두까기 인형〉은 크리스마스 레퍼토리에서 절대 빠지지 않는 세계적인 발레 음악이 되었으며, 여전히 8곡의 오케스트라 모음곡 연주도 사랑받고 있답니다.

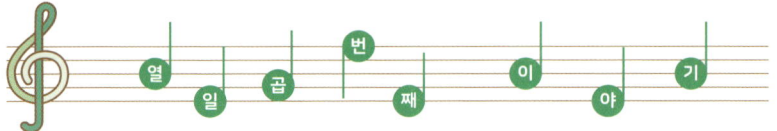

나라를
그리워하는 마음

안토닌 드보르자크
교향곡 〈9번〉 e단조, Op.95 '신세계로부터' 중 4악장
1893년 | 약 12분

"빠~밤 빠~밤 빠밤빠밤…". 강렬하고 익숙한 선율로 시작하는 곡이에요! 제목은 몰라도 분명 들어 본 적이 있을 거예요. 영화 〈죠스〉의 유명한 주제곡을 이 곡의 첫 소절에서 영감을 받아 만들었거든요. 무서운 상어가 바닷속을 빠르게 헤엄치는 모습과 잘 어울려요.

　이 곡은 체코의 음악가 안토닌 드보르자크Antonín Dvořák가 작곡했습니다. 드보르자크는 자신의 국가인 체코와 체코 전통 음악을 각별히 사랑했답니다. 그래서 체코의 민족적 색을 살려서 음악을 만든 것으로 유명하지요.

드보르자크는 사람들이 쉽게 들을 수 있는 음악을 만들겠다는 의지가 강했어요. 그가 만든 교향곡들은 까다롭고 어려운 느낌보다는 체코인의 감성을 가득 담아 정감 있는 음색이 두드러져요. 특히 고국에서 멀리 떨어진 미국에서 생활하며 작곡한 교향곡 〈9번〉이 그러한 특징을 잘 보여 줍니다.

안토닌 드보르자크

흔히 이 곡을 "신세계 교향곡"이라고 부르는데, 원래 이 곡의 부제는 '신세계로부터'입니다. 드보르자크가 미국에서 얻은 아이디어를 표현한 음악이에요.

드보르자크가 쉰 살이 되었을 무렵 체코 프라하 음악원에서 교수로 일하고 있던 어느 날, 미국에서 온 전보 한 통을 받았습니다. 미국 국립 음악원 원장 역할을 맡아 달라는 제안이었지요. 뉴욕에 있는 국립 음악원에서는 미국 대륙을 발견한 콜럼버스의 신대륙 발견 400주년을 기념하는 뜻깊은 해(1892년)에 유럽 출신의 명망 있는 음악가를 불러 자신들의 음악적 위상을 높이고 싶었던 거예요. 드보르자크는 고민 끝에 제안을 수락했고, 미국으로 건너가 1년 뒤 그곳에서 교향곡 〈9번〉 '신세계로부터'를 완성했어요. 드보르자크가 미국에서 만든 최초의 작품이었죠.

드보르자크는 이 곡을 일컬어 "뼛속까지 체코적인 곡"이라고 표현했어요. 하지만 그는 만약 자신이 미국에 가지 않았다면 이러한 교향곡을 쓸 수 없었을 것이라고도 말했어요. 작곡가가 겪은 낯선 땅에서의 경험이 이 교향곡에 가득 담겨 있지요. 물론 고국과 가족을 향한 그리움도 깃들어 있어요. 드보르자크는 미국에서 작품을 쓰는 10개월 동안 향수가 유독 심했다고 해요. 그래서인지 이 곡의 중간에는 체코 서부 지역에서 생겨난 춤곡인 '폴카'풍의 악상을 첼로와 바순이 연주하기도 한답니다.

> **for parents**

이 곡 첫 부분의 속도가 점차 빨라지는 이유에 대한 흥미로운 후일담이 있습니다. 기차 애호가였던 드보르자크가 증기 기관차의 출발 소리에서 아이디어를 얻었다는 것이지요. 기차에 대한 이야기는 133쪽에서도 소개했습니다. 음악가들이 기차를 어떻게 표현했는지 아이와 함께 들어 보세요.

조용히
듣지 말아 주세요

에릭 사티
피아노 모음곡 〈3개의 짐노페디〉 중 제1번
1888년 | 약 4분

1700년대까지는 귀족들을 위한 놀이용 음악이 많았어요. 예술적 가치보다는 그저 재미를 주는 용도로 쓰였지요. 물론 지금은 훌륭한 예술적 가치로 인정받고 있는 곡들이지만요.

그 당시에는 공연장에서 사람들이 지금처럼 조용히 앉아 음악을 감상하지 않았어요. 먹고 떠들며 음악을 보는 공간이었지요. 무척 왁자지껄한 분위기였답니다. 그러다 1800년대 이후부터 음악 공연장에서 예의를 지키며 조용히 봐야 하는 공연 문화가 자리 잡아 가며 그런 모습은 찾기 어려워졌어요.

　하지만 1920년에 프랑스의 에릭 사티Erik Satie라는 작곡가가 과거의 음악 풍경을 재현하고자 음악회 및 연극의 휴식 시간을 위한 〈실내장식 음악〉이라는 배경 음악을 만들었어요. 사람들이 공연을 보면서 이야기하고 먹을 수 있게 하는 것이 목적이었죠. 당시로서는 매우 충격적인 음악이었어요. 음악이 흐르는 동안 관객들이 연주에 신경 쓰지 않아야 한다는 작곡 의도를 가지고 만들었으니 말이에요. 사티는 첫 공연에 대한 기대가 컸답니다. 그러나 사람들은 이러한 새로운 연주 개념을 받아들이지 못하고 예전처럼 조용히 자리에 앉아 감상했어요. 공연이 끝난 뒤 사티는 불같이 화를 냈어요. 아마 음악 역사에서 자신의 음악을 조용히 들었다고 화를 낸 사람은 그가 처음일 거예요.

　이 일화는 에릭 사티가 어떤 음악가인지를 잘 보여 줍니다. 그렇다면 그가 작곡한 〈3개의 짐노페디〉는 어떤 음악일까요? 왠지 신나는 음악일 거 같지요? 아쉽게

에릭 사티

도 생각과는 전혀 다른 음악이랍니다.

1887년 말 사티는 파리의 몽마르트르에 정착해 살았고, 당시 그곳의 한 카페에서 피아노 반주자로 일했어요. 그는 말수가 적고 수줍음을 많이 탔어요. 사티는 원래 사람들과 친해지는 것을 어려워하는 성격이었지만, 이곳에서 만난 예술가들의 자유로움과 상상력의 영향을 받으며 점차 사람들과 가까워질 수 있었어요. 또 사람들이 어떤 음악을 좋아하는지도 알 수 있게 되었지요.

사티가 작곡한 피아노 모음곡 〈3개의 짐노페디〉는 하나의 음악을 3개의 부분으로 나눠 작곡한 거예요. '짐노페디'gymnopédies는 고대 그리스의 제례 의식에서 소년들이 옷을 벗은 채 추던 춤에서 유래한 용어예요. 무언가 굉장한 신비함이 가득할 것 같지 않나요? 음악을 들어 보면 확실히 그런 느낌이 강하답니다. 3개의 곡 가운데 제1곡이 가장 잘 알려진 작품이에요. 무척 차분하고, 고요하고, 아름답기까지 하지요. 물론 좀 졸릴 수도 있어요.

사티는 화려하고, 웅장하고, 복잡하고, 긴 클래식 음악들에 대한 거부감이 있었어요. 그는 일상생활 속의 음악, 누구나 듣기에 부담 없고 어렵지 않은 음악을 만들고자 했지요. 그는 악보에 연주자를 위해 "달걀과 같이 가볍게", "치통을 앓는 꾀꼬리처럼"과

같은 재미있는 주문을 써 놓기도 했답니다.

> **for parents**
>
> 〈3개의 짐노페디〉는 모두 3분 내외가 소요되는 작품들이에요. 방대한 정통 클래식이 아닌 투명하고 간결한 음악을 통해 종교성과 더불어 순수함과 단순성을 보여 주며, 작곡가 특유의 음악적 세계관도 담고 있답니다. 제1곡의 악상은 '느리고 비통하게'입니다. 세기의 변화가 거의 없어 어쩌면 지루하게 들릴 수도 있지만, 듣는 내내 편안함과 달콤함을 선사해요.

사람의 성격을
표현한 음악

카를 닐센
교향곡 〈2번〉 '4가지 기질' 중 1악장
1902년 | 약 10분

요즘은 친구들끼리 MBTI 성격 유형을 물어보지요? 그 전에는 혈액형을 많이 물어보곤 했어요. 과학적으로는 혈액이 인간의 성향과 전혀 관계가 없는데도, 여전히 생각보다 많은 사람이 혈액형에 따라 사람의 성격이나 기질이 다르다고 굳게 믿고 있어요. 그럼 혈액형이라는 개념조차 없던 시절에는 사람들이 무엇으로 상대의 성격을 판단했을까요?

덴마크 작곡가 카를 닐센Carl Nielsen은 교향곡 〈2번〉을 작곡하며 사람의 기질을 4가지로 구분해 표현했어요. 이 곡의 부제도 '4가지 기질'이지요. 먼저 닐센이 어떤 음악가인지 알아볼까요?

카를 닐센

닐센은 어릴 적부터 마을 악사들의 음악과 민요를 접하면서 음악의 꿈을 키웠어요. 그러다 일곱 살이 되었을 무렵 여러 음을 동시에 낼 수 있는 피아노를 처음 보고 감탄했다고 해요. 모차르트와 베토벤처럼 음악가인 부모에게 음악을 배우지는 않았지만, 일찍이 피아노와 친해지며 이후 뛰어난 피아노곡들을 남길 수 있었어요. 닐센은 덴마크의 명문 학교인 코펜하겐 음악원을 다니며 음악 역사, 음악 이론, 작곡법, 바이올린 연주 등 여러 분야를 공부하며 성장해 갔어요. 바이올린에 익숙했던 닐센이 초기에 만든 곡들은 주로 현악기를 위한 작품들이었어요.

닐센은 음악원을 졸업하고 왕립극장 오케스트라의 바이올리니스트 단원으로 활동하면서, 오케스트라 작품에 등장하는 여러 악기의 기능을 파악할 수 있었습니다. 그러면서 교향곡을 작곡하게 되었지요.

1901년 닐센이 오페라 〈사울과 다윗〉을 작곡하던 중에 교향곡 하나를 구상했어요. 이스라엘의 초대 왕 사울과 돌멩이 하나로 거인 골리앗을 잠재운 다윗의 성격 차이를 표현해 본 것이지요. 그게 바로 교향곡 〈2번〉이랍니다.

사울과 다윗의 성향은 전혀 달라요. 사울은 다윗에게 질투와 열등감을 품은 예민한 성격이고, 다윗은 차분하고 담대한 성격의 인물이에요. 그렇다고 단순히 사울과 다윗의 내용만으로 교향곡을 만든 것은 아니에요. 닐센이 이 작품을 초연한 때로부터 30여 년이 지나서야 전한 작곡에 대한 뒷이야기는 이렇답니다.

1902년 교향곡을 작곡하던 닐센이 덴마크 세란섬의 어느 시골 수제 맥주 전문점에서 벽에 걸린 그림을 봤어요. 인간의 4가지 기질인 담즙, 점액, 우울, 다혈을 표현한 그림이었지요. 고대 의학을 집대성한 의학의 아버지 히포크라테스가 분류한 기질이었어요. 개인마다 고유의 품성이 다르다는 점에 관심이 많았던 닐센이 이를 4개의 악장을 가진 교향곡으로 탄생시킨 것이었죠.

1악장에는 '알레그로 콜레티코' allegro colletico 라는 악상이 쓰여 있어요. 여기서 '콜레티코'는 라틴어로 담즙을 가리키는 '콜레' colle 에서 따온 거예요. 진취력이 강하고 화를 잘 내는 기질이라고 해요. 이를 표현하기 위해 초반부터 튀어 오르듯 연주하는 것이 인상적이랍니다.

> **for parents**
>
> 4개의 악장 모두 성격을 암시하는 악상 기호가 적혀 있습니다. 1악장에 '콜레티코'라는 담즙질을 표현한 것처럼, 2악장에는 '무겁고 냉정하게'라는 악상 기호로 온화하고 안정된 음악이 펼쳐져요. 3악장은 느린 악장으로 '말린코니코'(우수)라는 악상 기호에 따라 우수에 젖은 느낌으로 연주하지요. 마지막 4악장은 '생귄'(피)이라는 악상으로 다혈질적 성향을 표현합니다.

음악에 한계는
없다

존 케이지
피아노곡 〈4분 33초〉
1952년 | 4분 33초

클래식 음악 중 가장 충격적인 곡이라 할 수 있는 작품이 있어요. 피아노로 연주하는 〈4분 33초〉라는 곡입니다.

1952년 미국 뉴욕 우드스톡의 매버릭 콘서트홀에서 피아노 연주회가 열렸어요. 피아니스트가 연주를 하기 위해 무대에 올라 피아노에 앉았지요. 그런데 그는 곧 피아노 뚜껑을 덮고는 아무런 동작도 하지 않은 채 그저 멍하니 앉아만 있었어요. 그러고는 시계를 들고 시간을 쟀죠. 그렇게 첫 악장을 시작한 거예요.

이 곡은 총 3악장으로 이루어져 있어요. 1악장은 33초, 2악장은 2분 40초, 마지막 3악장은 1분 20초인데, 전 악장을 피아노 뚜껑만 열었다 닫았다 하면서 침묵으로 4분 33초를 보내요. 악보에는 'tacet'(침묵)이라는 악상이 적혀 있지요. 이런 기묘한 작품을 작곡한 사람은 미국의 현대 작곡가 존 케이지 John Cage 입니다.

존 케이지

이 곡을 초연한 존 케이지는 당시 미국 음악계에 큰 충격을 안겼습니다. 어떻게 아무런 소리도 없는데 음악이라고 할 수 있느냐는 논란이 일면서 말도 안 되는 행위 예술이라는 비판이 쏟아졌지요. 이에 대해 존 케이지는 이런 말을 남겼어요.

"사실 이 곡에는 침묵이 없다. 내 작품은 우연한 소리들로 가득하다!"

이게 도대체 무슨 말일까요? 이를 알려면 우선 〈4분 33초〉가 어떻게 만들어졌는지 그 배경을 살펴봐야 해요.

1951년 존 케이지가 미국 하버드 대학교에 있는 무향실을 찾

아간 적이 있어요. 무향실은 방 안에서 발생하는 모든 소리가 흡수되도록 설계한 곳이에요. 그 어떤 소리도 안으로 들어오지 않고요. 존 케이지는 이 방으로 들어가 침묵하면서 소리가 정말 들리지 않는지 실험을 했어요. 그러고는 방에서 나와 이렇게 말했답니다.

"저는 하나의 높은 소리와 하나의 낮은 소리를 들었습니다."

존 케이지는 무슨 소리를 들은 걸까요? 우리가 아무도 없는 방에 있으면 아무 소리도 나지 않지만, 소리를 더 찾으려고 온 신경을 집중하면 환청처럼 "삐"하는 소리가 들려요. 이건 이상한 현상이 아니라 누구에게나 있는 신경계의 소리지요. 그러니까 그는 완벽하게 소리가 나지 않을 거라 여긴 곳에서도 소리를 들은 거예요. 이후 케이지는 이런 말도 했답니다.

"절대적인 무음은 없으며 내가 죽을 때까지도 소리는 남아 있을 것입니다."

여기서 착안한 곡이 〈4분 33초〉예요. 조금 이해가 되나요? 달리 보면 획기적인 아이디어란 생각이 들어요. 이 작품은 4분 33초 동안 연주자가 피아노 앞에 앉아 연주는 하지 않고 침묵으로 일관하는 모습을 통해 관객석에서 들려오는 소리를 얻고자 한 거예요. 당황하거나 놀란 사람들의 어수선한 소리와 다른 소음들이 어우러져 우연히 들리는 소리를 담고자 한 것이지요. 그래서 이 곡을 "우연성 음악"이라고도 한답니다.

10년 뒤 케이지는 〈4분 33초〉의 두 번째 버전을 발표했는데, 작품명이 〈4분 33초 2번〉, 일명 〈0분 00초〉입니다. 이 작품은 기존 〈4분 33초〉에 이어 새로운 침묵을 보여 주고자 했어요. 이번에는 악기, 관객, 그 밖의 사물의 잡음을 모두 통제해 최대한 완벽한 침묵에 가깝도록 만든 거예요. 어찌 보면 더 황당한 작품인 셈이지요. 케이지는 음악에는 목적이 없다고 여겼고, 음악은 결국 소리에 불과하며, 음악가는 자신이 소리를 지배하려는 욕심을 가져서는 안 된다고 생각했답니다.

for parents

존 케이지는 세상에서 가장 긴 음악을 작곡한 사람으로도 유명합니다. 그 음악은 오르간 작품 〈오르간²/ASLSP〉(1987)입니다. 'ASLSP'는 'As SLow aS Possible'의 약자로 '최대한 느리게'라는 뜻이에요. 2001년 독일 할버슈타트에 위치한 성 부르하르디 교회에서 연주되기 시작했는데, 놀랍게도 지금까지 연주되고 있답니다. 언제 끝나냐고요? 무려 639년이나 걸립니다. 그 긴 시간을 사람이 오르간을 연주할 수는 없겠죠? 그래서 오르간에 모래주머니를 달아 놓고 지속적으로 공기를 공급하면서 소리를 지속시키고 있어요. 그러다 보니 하나의 음에서 다음 음으로 가는 데 1년 이상이 걸리지요. 이 음악은 2640년이 돼야 끝난답니다.

제3장

악기들의 아름다운 소리를 들어요

스물한 번째 이야기

알고 보면
훨씬 멋진 리코더

안토니오 비발디
〈플라우티노를 위한 협주곡〉, RV443
1729년경 | 약 11분

학교에서 음악 시간에 리코더를 연주해 본 적 있나요? 리코더는 피리에 속하는 악기인데, 피리는 연주 방법을 쉽게 익혀 빠르게 소리를 낼 수 있어요. 물론 잘 불기 위해서는 연습을 많이 해야 하지만요. 가로로 들고 부는 플루트라는 악기도 본 적 있을 거예요. 예전에는 리코더와 플루트가 같은 뜻으로 쓰이기도 했어요. 작곡가들이 악보에 플루트라고 써 놓아도 연주자들이 리코더로 연주하곤 했지요. 리코더의 뜻이 "세로로 부는 플루트"이기도 하거든요. 리코더는 인류 탄생 이래 가장 오래된 악기 중 하나이자 관악기의 시작이 된 악기랍니다.

우리가 아는 리코더는 1300년대 정도부터 그 모습을 갖추었어요. 당시만 해도 사람들은 리코더를 중요한 악기라고 생각하지 않았지요. 하지만 시간이 지나면서 사람들이 점점 관심을 가지고 악기를 개선하면서 그런 인식이 바뀌기 시작했어요. 워낙 휴대하기가 편해 어디에서든 다양하게 쓰일 수 있었는데, 그 덕에 춤을 출 때나 노래를 부를 때 없어서는 안 될 대표적인 목관 악기로 거듭날 수 있었답니다. 그리고 마침내 1600년대에 바흐나 헨델 같은 유명한 음악가들이 리코더를 중심 악기로 쓰면서 전성기를 맞이하게 되었지요.

리코더는 음역대별로 종류가 굉장히 많습니다. 그중 리코더 연주자들이 자주 쓰는 악기는 알토 리코더, 소프라노 리코더, 소프라니노sopranino 리코더 등이며, 소프라니노는 소프라노보다 높은 음을 내지요. 〈플라우티노를 위한 협주곡〉에서 '플라우티노'flautino는 이탈리아어로 높은 음역의 소리를 내는 바로크 시대의 리코더를 말합니다. 하지만 오늘날은 주로 소프라니노 리코더로 연주하지요.

안토니오 비발디Antonio Vivaldi는 자신이 사랑한 바이올린만큼이나 리코더를 최고의 독주 악기로 만든 일등공신 중 한 명입니다. 비발디는 협주곡concerto의 대가로 통해요. 피아니스트나 바이올리니스트가 오케스트라와 함께 연주하는 무대를 본 적 있나요? 그렇게 연주하는 곡이 바로 협주곡이에요. 비발디는 〈사계〉처럼 바이올린을 위한 곡을 많이 쓰긴 했지만 리코더가 들어가는 곡도 여럿 남겼어요. 그중 플라우티노 협주곡은 3곡이 있어요. 바로크의 플라우티노 리코더뿐만 아니라 소프라니노 리코더와 플루트로도 연주할 수 있지요.

소프라니노 리코더

오늘 소개하는 〈플라우티노를 위한 협주곡〉은 들어 보면 느껴지겠지만 연주하기가 정말 쉽지 않은 곡이랍니다. 비발디가 만든 수많은 바이올린 독주곡만큼이나 화려하지요. 여러분은 리코더에 대해 얼마나 알고 있나요? 단조롭고 시끄러운 악기로만 여기진 않았나요? 그렇다면 이 곡을 꼭 들어 보세요! 지금까지 몰랐던 진짜 리코더의 세계가 펼쳐질 거예요.

for parents

리코더 연주는 아이에게 영상으로 보여 주길 권합니다. 이 곡을 연주할 때 사용하는 리코더는 일반적인 리코더와는 매우 다릅니다. 어려운 기교적 효과도 가지고 있어 우리가 알던 리코더 그 이상의 모습들을 볼 수 있답니다. 아이와 함께 소리도 잘 들어 보세요. 모양은 비슷해 보여도 오리지널 리코더의 진짜 매력은 확연히 다르니까요. 청아하고 따뜻한 음색이 일품이랍니다.

영상 보기

해골들이
부딪치는 소리

카미유 생상스
교향시 〈죽음의 무도〉 Op.40
1874년 | 약 7분

모음곡 〈동물의 사육제〉와 오페라 〈삼손과 데릴라〉로 잘 알려진 프랑스 작곡가 카미유 생상스Camille Saint-Saëns의 곡들은 다채로운 악기들을 통해 섬세한 소리와 표현을 보여 주는 것으로 유명해요. 교향시 〈죽음의 무도〉 역시 빼놓을 수 없는 그의 대표 작품이지요. 교향시는 시나 소설, 그림 등을 표현한 음악으로 오케스트라가 연주하는 한 악장짜리 곡을 말해요.

이 곡은 애니메이션 〈슈렉 3〉 OST와 김연아 선수를 피겨 여왕으로 만든 곡으로도 유명해요. 실제 이 곡의 연주 시간은 7분이 넘지만 김연아 선수가 세계 피겨 선수권 대회에서 사용한 곡은 원곡을 바이올린과 피아노를 위한 편곡 버전으로 짧게 각색한 것이랍니다. 원곡과 편곡 버전 모두 바이올린 선율이 무척 강렬하다는 게 특징이에요.

프랑스 시인 앙리 카잘리스의 《착각》이라는 시집의 '평등, 박애' 파트를 음악으로 그려낸 작품인데, 시의 내용은 오래된 프랑스 미신을 바탕으로 하고 있어요. 그럼 내용과 음악을 함께 살펴볼게요.

음악은 하프가 핼러윈 자정을 알리는 시계 알람을 표현하며 시작해요. 이어서 죽은 이들의 대장인 악마가 무덤에서 죽은 이들을 깨웁니다. 이때 악마를 상징하는 바이올린 연주가 서서히 축제 분위기를 고조시켜 나가지요.

"지그^{zig}, 지그, 지그…. 죽음의 소리! 발뒤꿈치로 무덤을 치며 한밤중 죽음은 춤곡을 연주한다. 지그, 지그, 지그, 그의 바이올린…. (중략) 피나무에서 스산한 소리가 들린다. 어둠 속으로 하얀 해골들이 지나가고…. (중략) 춤을 추는 죽은 이들의 뼈가 갈라지

는 소리가 들린다."

이러한 시의 내용을 바탕으로 생상스가 해골들의 뼈가 꺾이고 부딪치는 소리를 실로폰으로 절묘하게 묘사해 광란의 시간은 점점 절정으로 달합니다. 무도의 끝자락은 오보에가 맡아 수탉의 울음소리를 표현해요. 오보에의 반전에 분위기가 깨지자 죽은 자들의 축제가 중단되고 악마는 쓸쓸히 퇴장합니다. 우리나라의 귀신 이야기에서도 귀신이 사람들을 홀리고 괴롭히다 날이 밝을 때쯤 수탉의 울음소리에 놀라 "으~ 분하다."라고 하며 사라지곤 하지요. 음악은 악마의 바이올린 독주가 고독함과 아쉬움을 자아내고 서서히 소리를 좁혀 나가며 끝나요.

'죽음의 무도'라는 소재는 중세 시대 사람들이 가진 죽음에 대한 인식에서 비롯되었어요. 그들이 겪은 질병과 전쟁으로 인한 죽음의 모습들이 삶의 당연한 일부분으로 받아들여지고, 미술과 문학, 음악 등에 반영되었답니다. 그런데 '죽음의 무도'를 소재로 음악을 만든 사람이 생상스가 처음은 아니에요. 헝가리의 전설적인 피아니스트 겸 작곡가 프란츠 리스트가 무려 25년이나 먼저 피아노와 오케스트라를 위한 〈죽음의 무도〉(1849)를 만들었어요. 리스트는 후일 생상스의 〈죽음의 무도〉를 피아노 곡으로 편곡해 생상스의 작품을 널리 알리기도 했어요.

for parents

아이와 함께 생상스와 리스트(피아노 솔로)의 곡을 비교하며 들어 보세요. 생상스의 작품을 들어 보면 음산함이 물씬 느껴지는데, 이는 바이올린의 연주 자체도 그렇지만 바이올린의 세팅이 보통의 다른 곡들과 다르기 때문입니다. 4개의 바이올린 현 가운데 가장 높은 현을 평소보다 낮게 조율해 분위기를 한층 괴기스럽게 연출하도록 했지요. 바이올린 독주를 중심으로 여러 악기가 이야기를 만들어 가는 과정이 그야말로 환상적이에요. 어쩌면 연주 시간이 너무 짧게 느껴질 수도 있을 거예요. 그리고 생상스의 것을 피아노 독주로 만든 리스트의 작품은 기술적 난이도가 매우 높아 생상스의 원곡을 뛰어넘는 극적인 효과를 기대해 볼 수 있습니다. 혹시 기회가 된다면 1900년대 프랑스 작곡가 아르튀르 오네게르의 종교 음악 버전인 〈죽음의 무도〉(1939)도 있으니 참고해 보세요.

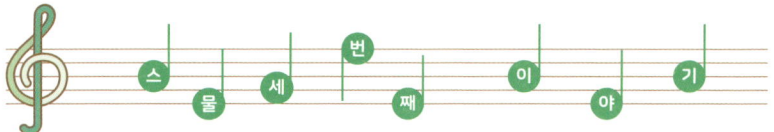

산들바람 같은 기타 연주

호아킨 로드리고
기타와 오케스트라를 위한 〈아랑후에스 협주곡〉 중 2악장
1939년 | 약 11분

스페인 작곡가 호아킨 로드리고Joaquín Rodrigo의 이름은 낯설지도 모르겠네요. 하지만 이번에 소개하는 음악을 들으면 우리 부모님들은 대번에 딱 알 수 있답니다. 어쩌면 여러분도 알 수 있을 테고요.

과거에 KBS 2TV에서 방영한 〈토요명화〉라는 프로그램이 있었어요. 지금은 방송하지 않지만, 당시 이 프로그램이 시작되면 영화에 대한 기대감을 높이는 오프닝 음악이 흘러나왔지요. 다양한 영화의 배경 음악으로 사용되었고, 팝 음악에서도 간간이 쓰여 아직까지도 많은 사람의 공감과 사랑을 받는 작품이랍니다. 그중에서도 로드리고의 〈아랑후에스 협주곡〉 중 2악장이 가장 유명해요.

일반적으로 '아랑후에스'는 스페인 마드리드 지방의 도시를 일컫지만, 이 작품에서는 18세기 스페인 마드리드 부르봉 왕가의 여름 궁전을 가리킵니다. 이 별궁은 스페인에서는 유명한 명소예요. 로드리고가 이곳 정원을 방문했을 때, 근처에서 지내는 집시들의 삶에서 영감을 받아 음악을 만들었다고 해요.

기타와 클래식 오케스트라가 함께 연주하는 곡이 흔하지는 않아요. 그런데 로드리고가 이 곡으로 기타도 오케스트라와 충분히 협주할 수 있다는 걸 보여 준 거예요. 한편 그가 200여 곡이나 되는 작품을 만들었고 여러 걸작을 쏟아냈지만, 사람들이 〈아랑후에스 협주곡〉만을 기억하는 건 분명 아쉬운 점이기도 하지요.

클래식 기타

로드리고는 어린 나이에 전염병에 걸려 시력을 잃었어요. 음악 역사상 어떤 음악가보다 힘든 환경에서 음악 활동을 한 거예요. 장애, 가난, 사랑과 이별, 전쟁, 불확실한 미래 등 로드리고가 최고의 음악가가 되기까지의 과정은 그야말로 고난의 연속이었답니다.

로드리고는 맹인 학교를 다니면서 바이올린과 피아노를 배웠고, 신체적 단점을 극복하며 빠르게 피아노 실력을 키워 나갔어요. 작곡은 다른 음악가들보다 다소 늦은 열여섯 살이 되어서야 시작했고, 20대에 들어서 유능한 작곡가로 인정받았지요.

1925년 로드리고가 자신이 작곡한 오케스트라를 위한 〈5곡의 어린이용 소품〉을 음악 대회에 출품한 적이 있어요. 비록 1위는 하지 못했으나 심사위원들의 찬사를 받은 멋진 작품이었지요. 그리고 30대 후반에 마침내 〈아랑후에스 협주곡〉이라는 대곡이 등장했어요. 그간 로드리고는 기타 협주곡을 쓴 경험이 없었어요. 그런데 당시 친한 지인이 기타를 위한 협주곡을 써 보면 어떻겠느냐고 제안했고, 이는 로드리고의 인생을 확 바꾼 계기가 되었답니다.

이 곡은 총 3악장으로 이루어졌어요. 재미있는 건 로드리고가 1악장부터 차례차례 쓰지 않고 2악장을 먼저 썼다는 거예요. 그는 처음 써 보는 기타 협주곡에 대한 애착이 컸던 반면, 쉽지 않을 거란 부담감도 함께 가지고 있었지요. 그러던 어느 날 2악장의 주요 선율을 만들면서 마지막 3악장까지 단숨에 작곡했고, 1악장을 마지막에 썼답니다.

이 곡은 1940년에 처음 공연됐어요. 바르셀로나 필하모닉 오케스트라와 기타리스트 레히노 사인스 델라 마사가 협연한 〈아랑후에스 협주곡〉이 엄청나게 성공하면서 전설에 가까운 이야기까지 만들어졌어요. 로드리고가 고국인 스페인의 전쟁이 끝나자 타지 생활을 정리하고 다시 고국을 찾았을 때, 그가 가지고 있던 짐은 "낡은 옷가지와 책 몇 권, 그리고 〈아랑후에스 협주곡〉 악보가 전부였다."는 이야기랍니다.

for parents

로드리고가 이 곡을 초연할 때 프로그램 북에 작품에 대한 설명을 직접 남겼습니다.

"이 작품이 가진 힘은 가볍고 강렬하다. 공원의 잎사귀들을 가벼이 흔들리게 하는, 딱 나비 정도만큼만 강력하고, 베로니카 풀처럼 정묘한, 어디서 불어 오는지 모를 그런 산들바람처럼 들려야 한다."

무엇보다 2악장은 기타 음악 역사상 가장 아름다운 작품으로 알려져 있어요. 이 악장을 연주하기 위해서는 특별한 기타 테크닉이 필요한데, 바이올린처럼 기타의 음 조율을 자유롭게 해 보다 다채로운 표현과 기교를 보일 수 있도록 하고 있어요.

또박또박 말하기

아마데우스 모차르트
〈클라리넷 협주곡 A장조〉, K622 중 1악장
1791년 | 약 12분

자신의 의사와 상관없이 왕위에 오른 사람이 있었어요. 부도덕한 사건을 일으킨 형이 왕위를 포기하면서 예기치 않게 영국 왕이 된 사람이지요. 그는 왕에게 어울리는 권위가 없어 보였어요. 어릴 적부터 겁이 많고 내성적이었으며 말을 더듬기까지 했거든요. 커서도 나아지지 않았어요. 그런 그가 왕이 될 줄 누가 상상이나 했을까요? 그는 다름 아닌 2022년 9월에 세상을 떠난 엘리자베스 2세 여왕의 아버지인 조지 6세입니다.

조지 6세에 대한 이야기는 영화 〈킹스 스피치〉를 통해서도 잘 알려져 있어요. 조지 6세가 언어 치료사를 만나 말더듬증을 고쳐 나가는 내용이지요. 이 영화의 흥미로운 점 중 하나는 배경 음악이 영화의 내용이나 분위기와 아주 잘 어울렸다는 거예요. 특히 언어 치료를 해 나가는 과정에서 흘러나오는 음악이 어쩌면 그리도 딱 맞아떨어지는지 덕분에 영화의 재미가 더욱 크게 느껴집니다. 잠시 영화 속으로 들어가 볼게요.

조지 6세가 언어 치료에 어려움을 겪자 그의 아내 엘리자베스가 직접 치료사를 수소문하기 시작합니다. 그렇게 찾은 사람이 호주인 언어 치료사 라이오넬 로그예요. 그는 독특한 치료사였지요. 조지 6세와 라이오넬의 첫 만남은 순탄하지 않았지만 라이오넬은 조지 6세의 신뢰를 얻는 데 성공했어요. 라이오넬의 치료 방식을 따르기로 결심한 조지 6세는 본격적으로 언어 치료에 돌입하지요. 라이오넬이 시키는 대로 턱과 어깨의 힘을 빼고 호흡법을 가다듬는 등 준비 운동을 하는데, 이때 나오는 경쾌한 음악이 바로 모차르트의 〈클라리넷 협주곡〉입니다.

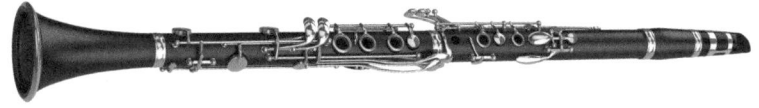

클라리넷

이 곡은 모차르트가 세상을 떠나기 두 달 전에 완성했어요. 1791년 10월 오스트리아 클라리넷 연주자이자 바셋 호른(클라리넷과의 관악기로 모양은 큰 클라리넷처럼 생겼다) 주자인 안톤 파울 슈타들러를 위해 만든 거랍니다. 모차르트와 슈타들러의 인연은 1781년부터 시작되었어요. 슈타들러가 비엔나에서 열린 모차르트 공연의 앙상블에서 클라리넷 주자를 맡으며 모차르트의 눈에 띄었는데, 슈타들러의 훌륭한 연주 실력에 감탄한 모차르트가 그를 위해 곡을 하나 쓴 것이지요. 본래는 슈타들러가 연주하던 바셋 호른을 위한 곡으로 쓸 예정이었지만 클라리넷이 더 적합할 거라고 판단해 클라리넷 협주곡으로 만들었어요.

영화 〈킹스 스피치〉에는 총 3악장 중 1악장 앞부분이 나옵니다. 이 곡을 처음 들으면 규모가 큰 교향곡이라고 착각할 수 있어요. 시작부터 오케스트라의 웅장한 선율이 길게 흘러나오다 클라리넷이 뒤이어 나오거든요. 이 음악이 영화 장면에 어울리는 이유는 말소리를 음절로 구분하듯이 음악의 단락이 명료하게 구분되어 있기 때문이에요. 복잡하지 않고 또렷하게 들리는 음악은 조지 6세가 결국 또박또박 말할 수 있게 될 거라고 암시하는 것 같아요.

for parents

모차르트가 살던 시대에는 클라리넷이 충분히 발달하지 않았어요. 하지만 모차르트는 클라리넷의 가능성을 알아차리고 악기의 장점을 극대화시켜 클라리넷 협주곡을 만들었지요. 클라리넷은 서양의 목관 악기 가운데 개량과 보급이 다른 관악기보다 늦었으나 지금은 관악 파트에서 대표적인 악기로 자리하고 있어요. 음색은 밝고 부드러우며, 특히 목관 악기 중에서도 음량 조절이 자유로워 아주 작은 소리도 매력적으로 낼 수 있습니다. 아이에게 클라리넷의 모양과 특징에 대해 사진을 보여 주며 이야기를 나눠 보세요.

영상 보기

기차를 음악으로 표현한다면

아르튀르 오네게르
관현악곡 〈퍼시픽 231〉
1923년 | 약 6분

여러분은 기차를 좋아하나요? 기차는 사람들의 마음을 설레게 해요. 서울역처럼 규모가 큰 기차역은 맛있는 음식도 많고, 사람 구경도 재미있고요. 탑승 시간에 맞춰 승강장 계단을 내려가다 보면 저 아래 줄지어 길게 늘어선 기차들과 여행의 즐거움이 가득한 사람들의 표정이 보여 기분도 좋아지죠. 또한 기다란 기차가 사람들을 가득 태우고 빠르게 달려가는 모습은 웅장하고 멋져요.

음악가 중에도 기차를 너무나 사랑한 사람이 있었답니다. 바

로 프랑스의 작곡가 아르튀르 오네게르예요. 이름이 좀 낯설지요? 이 음악가는 평생을 프랑스에서 활동했어요. 프랑스에서 태어나 프랑스에서 음악가로 데뷔했고, 프랑스에서 결혼해 파리에서 대부분의 삶을 살았습니다.

오네게르는 제1, 2차 세계 대전의 소용돌이 속에 있었기에 프랑스에서 벗어나기가 어려웠어요. 전쟁으로 인한 피해는 크게 없었지만 우울증에 시달렸지요. 게다가 그의 부모님이 살고 있는 또 다른 고향인 스위스에 갈 수 없어 향수병까지 앓아야만 했어요. 그중에서도 부모님과 함께 탔던 기차에 대한 그리움이 가장 컸답니다. 그래서 만든 작품이 관현악곡 〈퍼시픽 231〉이에요.

오네게르는 당시에는 잘 사용하지 않던 음악적 효과를 사용했어요. 〈퍼시픽 231〉에서는 증기 기관차의 움직임을 사실적으로 표현했지요. 정차, 출발, 속도 내기, 최고 속도로 운행하기, 감속과 정지까지 5개의 구간으로 나뉘는데 끊김 없이 쭉 한 번에 이어져요. 열차 바퀴가 굴러가는 리듬, 열차가 이동할 때의 떨림 그리고 열차 밖의 풍경까지 음악으로 만들어 냈답니다. 오네게르는 자신이 기차를 얼마나 좋아하는지에 대해 이렇게 말한 적도 있어요.

"나는 언제나 기차를 사랑했습니다. 기차는 마치 저를 위해 살아 있는 생물과도 같지요. 연인이 사랑하는 것처럼 저는 기차를 무척 사랑합니다."

또 자신이 쓴 악보에 이런 설명도 덧붙였어요.

"서 있는 열차의 조용한 호흡, 출발하려는 열차의 기운, 이제 속도를 내기 시작하는 기차! 300톤(300,000㎏) 무게의 기차가 밤의 어둠을 뚫고 시속 120마일(시속 193㎞)로 질주하는 것 같은 기분으로 진행한다."

---

for parents

음악에서 기관차의 진동 소리, 바퀴 굴러가는 소리, 경적, 호루라기 소리 등을 들을 수 있어요. 오네게르의 음악을 "기계 예술"이라고도 합니다. 그는 생명이 없는 기계를 통해 가치 있는 표현을 만들었어요. 평범한 오케스트라의 악기만으로 이 모든 것을 창조했고, 특히 타악기를 이용해 현장감과 긴장을 더했답니다.

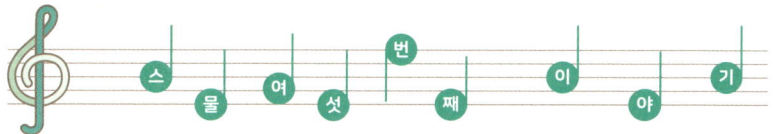

피아노 어디까지
연습해 봤니

프란츠 리스트
〈12개의 초절기교 연습곡〉, S139 중 4번 '마제파'
1851년 | 약 8분

이번에는 헝가리의 전설적인 피아니스트 겸 작곡가 프란츠 리스트에 대한 이야기를 해 볼게요. 리스트는 여덟 살 때 당시 음악의 수도였던 오스트리아 빈에서 가장 유명한 피아니스트 카를 체르니의 제자로 성장했어요. 체르니는 베토벤의 가장 유명한 제자이기도 했는데, 그도 어린 나이에 음악 신동으로 유명했던 터라 리스트의 재능을 단번에 알아채고 리스트에게 적합한 연습 방법으로 철저히 교육을 시켰어요. 여기에 더해 당대 최고의 음악가로 군림했던 비엔나의 궁정 악장 안토니오 살리에리에게는 관현악 악보를 분석하는 방법 등을 배워 체계적인 음악 이론을 습득할 수 있었답니다.

리스트는 반세기 전의 모차르트처럼 유럽 전역으로 연주 여행을 다니며 고작 10대의 나이에 신동으로 유명해졌고 엄청난 영향력을 떨쳤어요. 리스트의 우상이었던 베토벤이 자신의 〈피아노 협주곡 1번〉을 완벽하게 연주한 리스트를 보고 혀를 내두르며 놀랐다는 일화가 여전히 회자되고 있기도 하지요.

앞에서 쇼팽이 작곡한 27곡의 '연습곡'^{etude}(84쪽)을 들어 봤지요? 리스트의 작품 〈12개의 초절기교 연습곡〉도 쇼팽의 연습곡만큼이나 대중적으로 사랑받고 있어요. 이 곡이 1852년 작품이라고 기록되어 있지만 리스트가 열다섯 살 때 완성한 〈12개의 연습곡〉(1826)을 기반으로 만든 것이랍니다. 이후 1837년에 〈12개의 연습곡〉을 변형한 〈12개의 대연습곡〉을 만들었는데, 역사상 가장 어려운 피아노 작품의 반열에 오르며 악명 높은 연습곡이 되었지요. 앞서 만든 〈12개의 연습곡〉이 지닌 기술적 한계를 극복했다는 장점이 있었지만, 독일의 로베르트 슈만이라는 작곡가가 이 곡을 연주할 수 있는 사람은 세상에 12명도 안 될 거라고 말했을 만큼 난해해 지금까지도 이 곡을 완벽하게 연주하는 피아니스트가 별로 없답니다.

그래서 리스트가 이것을 다시 수정해 내놓은 것이 지금 소개하는 〈12개의 초절기교 연습곡〉이에요. 〈12개의 대연습곡〉의 난이도를 대폭 조정한 것으로, 기교뿐만 아니라 음악적 표현을 극대화한 리스트 연습곡의 완결판이라는 평가를 받고 있지요. 하지만 말이 그렇지 이 곡은 입시나 콩쿠르에서도 잘 쓰지 않을 정도로 피아니스트에게는 여전히 부담스러운 작품이에요.

리스트는 평생 700곡에 이르는 방대한 양의 곡을 썼는데, 대부분이 창작곡보다는 다른 작곡가의 원곡을 고쳐 응용한 편곡 작품입니다. 그래서 리스트를 모방적 작곡가라고 부르기도 하지요. 그의 편곡이 너무나도 훌륭해 "리스트가 재탄생시킨 곡들을 듣지 않고는 원곡의 깊이를 이해할 수 없다"는 말도 있어요. 그런 그가 '초절기교 연습곡'을 만들어 내면서 늘 쇼팽에게만 해당했던 "창작성을 갖춘 완성된 피아노 작품"을 쓰는 작곡가라는 말도 들을 수 있게 되었습니다.

〈12개의 초절기교 연습곡〉 가운데 국내에서는 특히 4번 '마제파'가 유명해요. 이 부제는 프랑스 시인 빅토르 위고의 《동방 시집》(1829) 중 서른네 번째 파트인 '마제파'$_{\text{Mazeppa}}$를 바탕으로 만든 것입니다. 우크라이나의 전설적인 영웅인 이반 스테파노비치 마제파가 말에 묶여 끌려가는 장면에서 맹렬히 달리는 말발굽 소리를 표현했어요. 그래서 기본적으로 속도가 빠르지요. 연주자들의 손목에 상당한 부담을 줄 수 있고 실수가 자주 발생하는 까다로운 곡이지만, 요즘은 워낙 피아노를 잘 치는 젊은 연주자가 많아 12곡 중에서는 무난히 칠 만한 곡으로 인식되고 있답니다.

for parents

지금은 '초절기교'라는 작품명으로 널리 알려져 있는데, 재미있게도 원래 제목은 '초월적 연습곡'transcendental etudes이랍니다. 우리나라에 이 작품이 처음 전해질 때 번역이 잘못돼 우리는 지금까지 이를 '초절'로 쓰고 있지요. 음악보다 단지 기교에만 치중한 듯한 느낌을 주는 탓에 바람직하지는 않으나, 그래도 리스트의 강렬함을 반영하는 제목으로 피아노 하면 딱 떠올릴 수 있는 효과는 분명 있답니다.

영상 보기

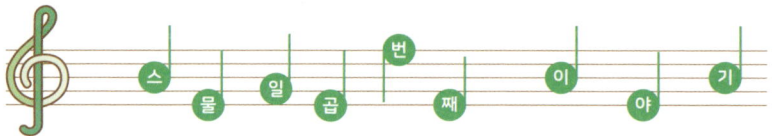
스물일곱 번째 이야기

악마가 들려준
바이올린 연주

주세페 타르티니
바이올린 소나타 g단조 '악마의 트릴'
1740년경 | 약 15분

음악 역사에는 유독 악마에 대한 이야기가 자주 등장해요. 대표적인 인물이 악마의 바이올리니스트라 불리는 니콜로 파가니니예요. 악마에게 영혼을 팔아 인간이 할 수 없는 연주 기교로 사람들을 혼란에 빠뜨렸다는 등 그에 관한 무성한 일화들은 너무나도 유명하지요. 〈사계〉를 만든 비발디는 성직자 출신인데 붉은 머리색 때문에 악마의 하수인이라는 오해를 받기도 했고요. 오늘의 주인공 역시 악마와 떼려야 뗄 수 없는 인연을 가진 작곡가랍니다.

　이탈리아 작곡가 주세페 타르티니는 힘겨운 삶을 살았던 다른 음악가들과 달리 경제적으로 유복한 환경에서 자랐습니다. 대학에서 법률을 전공하고, 펜싱 선수로도 활동했을 만큼 다재다능한 사람이었지요. 음악적 능력도 뛰어났습니다. 특히 바이올린 연주와 작곡에 능했는데, 무엇보다 바이올린의 새로운 주법을 연구하는 데 많은 힘을 쏟았습니다. 그러던 1713년 어느 날 밤 타르티니는 운명적인 꿈을 꾸었습니다. 이제부터 그와 얽힌 악마에 대한 이야기를 소개할게요. 타르티니와 각별한 사이였던 프랑스의 천문학자 제롬 랄랑드에 의해 전해진 이야기랍니다.

바이올린

　타르티니는 꿈에서 악마와 계약을 했다고 해요. 악마가 타르티니를 찾아와 한 가지 간청을 했습니다. 잠을 자던 타르티니는 문득 눈을 떴다가 자기 앞에 악마가 앞에 있는 모습을 보고 놀라 벌떡 일어났습니다. 악마는 타르티니에게 자신의 음악 스승이 되어 달라고 제안했습니다. 대신 타르티니를 섬기겠다고 했지요. 하지만 타르티니는 이를 쉽게 수락하지 않고 악마의 음악적 능력이 어느 정도인지 확인하겠다고 했어요. 그러고는 악마에게 바이올린을 건네주며 그의 연주를 테스트했습니다. 악마의 바이올린 연주가 시작되자 타르티니는 놀라움을 금치 못했습니다. 기교가 뛰어난 것은 물론 자신이 이제껏 들어 본 적 없는 정확하고 아름다운 연주였기 때문이지요. 완벽한 연주에 숨이 막힐 것 같았던 타르티니는 순간 꿈에서 깼습니다.

꿈에서 깬 타르티니는 무엇을 했을까요? 그는 꿈에서 깨자마자 악마의 연주를 잊지 않기 위해 악보에 기록했습니다. 선율이 기억에서 사라지기 전에 모든 악상을 하나도 빠짐없이 옮겨 적었죠. 그렇게 완성한 소나타가 '악마의 트릴'입니다.

그 이후 타르티니는 이전에 자신이 작곡한 모든 작품 가운데 이 소나타가 단연 최고라고 자부했고, 이것을 '악마의 트릴'이라 불렀어요. 하지만 타르티니는 꿈에서 경험한 악마의 뛰어난 음악성에 열등감을 느낀 나머지 자신이 다른 직업을 가질 수만 있다면 바이올린을 부수고 음악을 영원히 버렸을 것이라고 했지요.

한편 '악마의 트릴'에 얽힌 이야기는 타르티니가 성공을 위해 의도적으로 만들었다고 생각하는 사람들도 있어요. 하지만 바이올린 연주자라면 누구나 한 번쯤 연주하길 꿈꾸는 작품임은 분명하지요.

for parents

'악마의 트릴'이라는 부제는 3악장에 등장하는 어려운 트릴 기교에서 비롯된 것입니다. 혹시 아이가 바이올린을 배울 계획이거나 배우는 중이라면 아이의 눈에 어쩌면 가장 신기한 바이올린 기술로 보일 수 있어요. 격렬히 진행하는 왼손 운지의 시각적 효과에 주목하면 더욱 신나는 감상이 될 것입니다.

영상 보기

잠이 오지 않을 때
듣는 음악

요한 제바스티안 바흐
〈골드베르크 변주곡〉, BWV988
1742년경 | 약 1시간

바흐 음악에 관한 여러 에피소드 가운데 가장 널리 알려진 것은 〈골드베르크 변주곡〉에 대한 이야기일 거예요. 사실 이 일화는 여러 가지 의혹을 가지고 있거든요. 그러므로 맞다 아니다, 확실한 마무리를 바라기보다는 다양한 가능성을 열어 두고 들으면 좋을 것 같아요. 이 곡은 음악 자체만으로도 충분히 좋지만 상상력을 발휘하며 듣는 재미도 있답니다. 자, 그럼 이야기를 시작할게요!

바흐의 음악은 어렵고 무겁다는 편견을 가진 사람들이 있어요. 심지어 지루하다는 사람도 간혹 있지요. 반은 맞고 반은 틀린 말이에요. 바흐의 곡이 대개 구조가 복잡한 건 사실이지만 생각보다 아주 난해하지는 않답니다. 연주 시간이 1시간이나 되는 〈골드베르크 변주곡〉이 그런 작품 중 하나예요. 주제 선율이 나온 다음 각기 다른 변주가 30번 나열되는 음악인데, 짧은 패턴의 선율들이 제각각 아기자기한 매력을 가지고 있어 부담 없이 감상할 수 있는 바흐의 역작이지요.

제목의 '골드베르크'는 바흐 시대에 살았던 건반 연주자 고트리브 골드베르크의 이름이에요. 당시 열네 살이었던 골드베르크는 헤르만 카를 폰 카이저링크 백작에게 채용돼 백작의 전속 연주자로 일했어요. 백작은 바흐와 친분이 두터운 바흐의 든든한 후원자였고, 골드베르크는 바흐의 장남 프리데만 바흐와 바흐가 직접 가르친 제자였지요. 그러던 1741년경 라이프치히에 머물던 백작이 불면증으로 어려움을 겪다 바흐에게 자신의 고충을 해결할 수 있는 음악을 요청했어요. 바흐는 과거 드레스덴 궁정에 취직할 수 있도록 도와준 백작의 부탁을 거절할 수 없어 곡을 하나 썼지요. 그렇게 만든 작품이 〈2단 건반의 쳄발로를 위한 아리아와 여러 변주〉였고, 이 곡을 골드베르크에게 전달해 연주하게 했어요. 그래서 이 곡이 백작을 위한 수면용 음악이었다고 널리 알려졌답니다. 이야기의 중심에 있는 골드베르크로 인해 오랜 세월을 거치면서 곡의 제목이 〈골드베르크 변주곡〉으로 바뀌어 쓰이고 있는 거고요.

하지만 여전히 이 일화에 대해서는 논쟁이 끊이지 않아요. 불과 열네 살인 어린 골드베르크가 백작의 수면에 큰 도움을 주었을 리 없고, 1741년에 처음 출판된 악보에 백작 이야기가 전혀 쓰여 있지 않고, 연주가 너무 길어 수면에 정말 효

쳄발로

과적이었을지 알 수 없다는 의문이 남아 있지요. 듣기와는 달리 구성이 까다로워 누가 잠을 재우기 위해 이렇게 심도 있게 곡을 쓰느냐는 주장도 무시할 수 없고요. 심지어 이 모든 이야기가 거짓이며 바흐의 곡이 아니라는 주장이 제기되기도 했답니다. 그럼에도 불구하고 이 곡이 바흐의 작품이며 골드베르크와 연관이 있다는 것은 많은 음악 학자가 연구를 통해 밝혔어요.

저는 이 작품이 정말로 백작의 불면증을 위해 만든 것이라면 이 곡을 들은 백작의 불면증이 호전되었을 것 같아요. 사람의 말소리처럼 다양한 이야기를 조곤조곤 귀에 속삭이는 듯한 느낌을 주거든요.

for parents

바흐 시대에는 쳄발로란 악기를 주로 사용했습니다. 이 곡은 어쩌면 쳄발로에 더 적합할지 모르지만 현대에는 쳄발로보다 피아노로 더 자주 연주됩니다. 두 악기의 연주를 들으며 어떤 소리가 자신의 취향과 맞는지 비교해 보면 더욱 좋은 감상이 될 것 같습니다. 아이에게도 의견을 물어봐 주세요. 그리고 단순히 수면용 음악으로만 생각하기보다 바흐가 주제 선율로 어떻게 음악을 변주해 가는지에 초점을 맞추는 것이 중요합니다. 시작과 끝이 동일한 선율인데, 이를 통해 바흐가 얼마나 치밀하게 작곡했는지 느껴 보는 것도 아이의 감상 수준을 높이는 방법입니다.

영상 보기

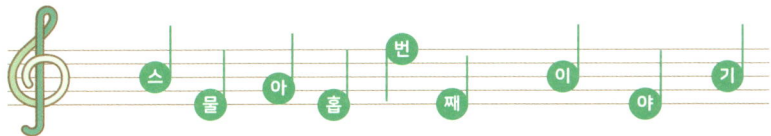

악기보다
아름다운 노랫소리

그레고리오 알레그리
합창곡 〈미제레레〉
1638년경 | 약 12분

과거에는 절대 교회 밖으로 알려져서는 안 되는 음악이 있었어요. 9개의 파트로 구성된 무반주 합창곡 〈미제레레〉가 그런 음악이었습니다. 미제레레miserere는 라틴어로 '불쌍하게', '가련하게'라는 뜻이에요. 5명의 합창과 4명의 합창(여기에 독창까지 포함)이 서로 주고받으며 노래하는 방식이어서 복잡한 데다 길이도 길지요. 이건 로마 교황청 소속 사제인 이탈리아 작곡가 그레고리오 알레그리가 만든 종교 음악이에요. 가사는 성경의 시편에 등장하는 문장 "미제레레 메이, 데우스"Miserere mei, Deus(오 주여! 자비를 베푸소서)로 시작해요. 부정을 저지른 다윗이 죄를 피하려다 끝내 죄를 뉘우치는 내용이지요. 그런데 이 노래가 어찌나 황홀하고 아름다웠던지 곡을 듣고 감명한 교황이 외부 유출과 악보 필사를 금지했어요. 그래서 이 노래를 부르거나 들을 수 있는 장소는 오로지 시스티나 성당뿐이었습니다. 그러니 당시 사람들에게 얼마나 신비로운 곡이었겠어요.

〈미제레레〉를 더욱 유명하게 만든 사건이 있었습니다. 모차르트의 천재성을 보여 주는 사건이기도 하지요. 이 이야기는 1770년 모차르트의 아버지인 레오폴트 모차르트가 아내에게 쓴 편지를 통해 알려졌어요. 모차르트는 열네 살 무렵 로마를 방문했을 때 시스티나 성당 수요일 미사에서 이 곡을 처음 접했어요. 촛불이 하나씩 꺼지는 어둠 속에서 교황과 추기경들이 무릎을 꿇고 있는 경건한 시간에 합창단이 부르는 알레그리의 〈미제레레〉를 들은 거죠. 음악은 1500년대부터 전해진 가톨릭의 전통 방식대로 9개의 파트가 각기 독립적인 움직임으로 묘한 긴장감을 주었는데, 특히 소프라노 독창자가 고음역으로 한 번에 뛰어 도약

하는 부분이 압도적이었습니다. 여기에 가수들이 악보에 없는 즉흥적 장식을 더해 더욱 큰 전율을 만들었지요. 환상적인 하모니에 놀라움을 금치 못한 모차르트는 그날 저녁 숙소로 돌아가 자신이 들은 〈미제레레〉를 오직 기억만으로 완벽하게 악보에 옮겼어요. 그리고 그 주 금요일 자신이 필사한 〈미제레레〉 악보를 몰래 교회 안으로 가지고 들어가 잘 옮겨 적었는지 다시 확인했지요. 공개가 제한된 이 노래를 필사한 모차르트는 오히려 명성을 얻었고, 당시 교황 클레멘스 14세에게 훈장까지 받았답니다.

사실 이 이야기는 편지의 일부 내용만으로 너무 부풀린 거라고 주장하는 사람이 많아요. 모차르트가 로마에 가기 전 런던을 방문했는데, 그때 이미 〈미제레레〉가 로마에 알려져 있었다고도 하지요. 하지만 모차르트가 악보에 옮겨 적고 싶을 만큼 아름다운 곡이었던 것만은 확실한 것 같아요. 여러분도 어서 한번 들어보세요!

for parents

1770년경 영국 역사가 찰스 버니가 이탈리아를 여행하던 중 모차르트와 마르티니를 만났다고 전해집니다. 무슨 연유로 만났는지는 정확히 알 수 없으나 1771년 말 버니가 영국으로 돌아가 그간 수집한 시스티나 성당의 음악을 모음집으로 출판했는데, 여기에 알레그리의 〈미제레레〉가 있었지요. 결국 〈미제레레〉의 봉인이 풀리며 이후 각지에서 악보가 출판됐고, 지금까지도 널리 노래되며 "사람의 목소리로 만든 가장 아름다운 음악"이란 극찬을 받고 있습니다. 한편 모차르트가 직접 옮겼다는 필사본은 아직 발견되지 않았지만, 훗날 모차르트가 알레그리의 영향을 받아 작곡한 〈미제레레 a단조, KV85〉(1774년경)는 존재합니다. 4개의 파트로 구성된 합창곡이지요. 알레그리와 모차르트의 것을 비교하며 감상해 보세요. 서로 전혀 다른 음악이지만 신비롭고 경건한 분위기만큼은 우열을 가릴 수 없습니다.

영상 보기

장난감으로 연주하는 교향곡

레오폴트 모차르트
〈어린이 교향곡〉(장난감을 위한 카사치온 G장조)
1760년경 | 약 9분

여러분은 장난감 악기를 가지고 놀아본 적 있나요? 입으로 불면 새소리가 나는 피리나 흔들면 딸랑딸랑 소리가 나는 장난감 같은 거요. 그런데 이런 장난감으로 진짜 연주를 하는 음악이 있답니다. 우리가 잘 아는 볼프강 아마데우스 모차르트의 아버지인 레오폴트 모차르트는 장난감 악기를 사용한 교향곡을 만들었어요. 오케스트라와 장난감이 함께 연주하는 음악이라니 궁금하지 않나요?

이 곡의 제목은 〈어린이 교향곡〉이지만, 보다 정확하게는 '장난감을 위한 카사치온 G장조'예요. 독일에서는 쉽게 '어린이 교향곡'으로 출판되고 있어요. 우리나라를 포함한 몇몇 나라에는 '장난감 교향곡'이라는 이름으로 알려지기도 했지요. 카사치온은 모차르트가 살던 시대에 궁정이나 귀족들의 행사에서 분위기를 즐겁게 만들기 위해 많이 연주하던 음악을 말해요. 그래서 분위기가 밝고 가볍지요. 레오폴트 모차르트는 다양한 카사치온을 작곡했답니다.

　이 작품은 오랫동안 요제프 하이든의 곡으로 알려지기도 했어요. 첫 공식 출판물에 하이든 작곡으로 표기되어 있었고, 하이든이 이 곡을 직접 연주한 적도 있기 때문이었지요. 그런데 독일에서 레오폴트 모차르트가 먼저 작곡했다는 결정적 증거가 발견되면서 진짜 작곡가가 밝혀진 거예요.

　이제 음악을 들어 볼까요? 중간중간 나오는 효과음에 귀 기울이며 들어 보세요. 피리와 래칫 등의 악기가 새소리를 표현해요. 래칫은 손잡이를 흔들거나 돌려 소리를 내는 타악기입니다. 1악장이 시작될 때부터 피리와 래칫이 뻐꾸기와 나이팅게일 울음

래칫

소리를 내요. 그러다 트럼펫이 우스꽝스러운 분위기를 만들어 내지요.

2악장은 미뉴에트인데, 미뉴에트는 프랑스에서 시작된 3/4박자의 춤곡이에요. 쿵짝짝 쿵짝짝 하는 박자를 한번 느껴보고, 박자에 맞춰 어떻게 춤을 출 수 있을지 상상해 보세요. 1악장보다는 속도가 느려요. 피리가 뻐꾸기 소리를 내며 시작하고, 점점 다른 새소리를 내는 장난감 악기들의 소리가 채워지지요. 숲속에서 새들과 아이들이 함께 장난스럽게 춤을 추는 모습이 연상된답니다. 마지막에는 트럼펫이 깜짝 등장하며 3악장으로 이어지고요.

3악장은 템포가 다시 빨라져요. 밝고 활발한 느낌으로 연주하는 바이올린, 비올라, 첼로 등의 현악기와 다양한 장난감을 표현하는 관악기의 소리가 어우러지며 화려하게 곡이 마무리됩니다.

for parents

이 교향곡이 레오폴트의 작품이 아니라는 주장도 제기되고 있어요. 1992년 오스트리아 티롤 지방의 베네딕도회 수도원의 에드문트 앙게러라는 신부가 썼다는 〈어린이 교향곡 C장조〉(1785년경)가 이 음악과 동일했어요. 그리고 이 수도원 근처에 목제 장난감을 만드는 공장이 있어 이러한 작품을 만들 수 있었다고 주장하는 사람들이 있지만, 아직 이 신부가 작곡했다는 완벽한 증거는 나오지 않았죠. 여전히 〈어린이 교향곡〉에 대한 논쟁이 뜨거운데, 진짜 작곡가는 레오폴트라고 지목하는 상황이 우세하답니다.

음원 정보

01 라벨, 〈어린이와 마술〉 로린 마젤(지휘), 프랑스 국립 방송 오케스트라 & 합창단
02 로시니, 〈라 체네렌톨라〉 마리아 칼라스(소프라노), 안토니오 토니니(지휘), 필하모니아오케스트라
03 뒤카, 〈마법사의 제자〉 페렌츠 프리차이(지휘), 파리 라무뢰 오케스트라
04 슈베르트, 〈마왕〉 디트리히 피셔-디스카우(바리톤), 제럴드 무어(피아노)
05 바그너, 〈방황하는 네덜란드인〉 헤르베르트 폰 카라얀(지휘), 빈 국립 오페라 합창단, 베를린 필
06 베르디, 〈아이다〉 주빈 메타(지휘), 로마 오페라 극장 합창단 & 오케스트라
07 글루크, 〈오르페오와 에우리디체〉 레나토 파사노(지휘) 콜레기움 무지쿰 이탈리쿰 기악 앙상블
08 오펜바흐, 〈지옥의 오르페〉 찰스 매케러스 경(지휘), 런던 심포니 오케스트라
09 베버, 〈마탄의 사수〉 오이겐 요훔(지휘), 바이에른 방송 합창단, 바이에른 방송 교향악단
10 푸치니, 〈잔니 스키키〉 엘리자베트 슈바르츠코프(소프라노), 니콜라 레시뇨(지휘), 필하모니아 오케스트라
11 바흐, 관현악 모음곡 3번 D장조 칼 뮌힝거(지휘), 슈투트가르트 체임버 오케스트라
12 헨델, 〈리날도〉 수자네 엘마크(소프라노), 로버트 라이머(지휘), 쇠너이란스 교향악단
13 베토벤, 교향곡 〈9번〉 '합창' 카를로 마리아 줄리니(지휘), 런던 심포니 코러스 & 오케스트라
14 멘델스존, 〈한여름밤의 꿈〉 서곡 조지 셀(지휘), 클리블랜드 오케스트라
15 쇼팽, 연습곡 12번 c단조, '혁명' 아담 하라셰비츠(피아노)
16 차이콥스키, 발레 모음곡 〈호두까기 인형〉 세르주 첼리비다케(지휘), 런던 필하모닉 오케스트라
17 드보르자크, 교향곡 〈9번〉, '신세계로부터' 오토 클렘페러(지휘), 필하모니아 오케스트라
18 사티, 피아노곡 〈3개의 짐노페디〉 알도 치콜리니(피아노)
19 닐센, 교향곡 〈2번〉, '4가지 기질' 레너드 번스타인(지휘), 뉴욕 필하모닉
21 비발디, 〈플라우티노를 위한 협주곡〉 이르지 스티빈(플라우티노), 올리베르 도흐나니(지휘), 카펠라 이스트로폴리타나
22 생상스, 〈죽음의 무도〉 장 마르티농(지휘), ORTF 국립 오케스트라
23 로드리고, 〈아랑후에스 협주곡〉 존 윌리엄스(기타), 유진 오먼디(지휘), 필라델피아 오케스트라 멤버
24 모차르트, 〈클라리넷 협주곡 A장조〉 칼 라이스터(클라리넷), 라파엘 쿠벨릭(지휘), 베를린 필
25 오네게르, 〈퍼시픽 231〉 레너드 번스타인(지휘), 뉴욕 필하모닉
26 리스트, 〈12개의 초절기교 연습곡〉 조르주 치프라(피아노)
27 타르티니, 바이올린 소나타 g단조 '악마의 트릴' 다비드 오이스트라흐(바이올린), 블라디미르 얌폴스키(피아노)
28 바흐, 〈골드베르크 변주곡〉 스콧 로스(쳄발로)
29 알레그리, 〈미제레레〉 앤드루 패럿(지휘), 태버너 콘소트
30 모차르트, 〈어린이 교향곡〉 헤르베르트 폰 카라얀(지휘), 필하모니아 오케스트라

…

잠들기 전에 읽는 이야기 클래식
어린이를 위한 하루 한 곡의 클래식 음악

1판 1쇄 발행 2023년 12월 11일
1판 4쇄 발행 2025년 5월 31일

지은이 김태용
그린이 공인영
기획·편집 김지수 **디자인** 어나더페이퍼 **교정교열** 박성숙
녹음 109사운드 **낭독** 이한나
인쇄 미래피앤피

펴낸이 김지수
펴낸곳 클로브
출판등록 제2023-000001호
주소 서울시 중구 세종대로72 대영빌딩 907호
전화 070-8094-0214 **팩스** 02-2179-8327
이메일 clovebooks@naver.com
인스타그램 @clove.books

ⓒ 김태용, 2023
ISBN 979-11-978805-5-1 73670

- 이 책은 저작권법에 의해 보호받는 저작물이므로 무단 전재와 무단 복제를 금합니다.
- 잘못된 책은 구입처에서 교환해드립니다.
- 책값은 뒤표지에 있습니다.

어린이제품안전특별법에 의한 제품표시
제조자명 클로브 **제조국명** 대한민국 **사용연령** 만 8세 이상 어린이 제품